数智生产力

从数字转型到数智重生

DIGITAL INTELLIGENCE PRODUCTIVE FORCES

from Transformation to Regeneration

叶子祯　周伟华　周忠信◎著

上海交通大学出版社

SHANGHAI JIAO TONG UNIVERSITY PRESS

内容提要

在数智化时代,企业运营不再只是技术升级,而是一场全面的范式重塑。本书深入解析数智驱动技术(如生成式 AI)如何赋能企业运营,并首次提出感知-理解-规划-执行(sensing—understanding—planning—action,SUPA)循环模型,帮助企业在每个环节实现智能化跃升。通过丰富的案例与深刻的理论剖析,本书不仅为企业提供从数据驱动到数智驱动的清晰路径,还揭示了这一转型如何超越单纯的技术升级,成为一场商业范式的重塑。企业管理者、IT 负责人及关注数智化转型的读者,将从本书中获得前沿洞察和可落地的实践指南。

图书在版编目(CIP)数据

数智生产力 : 从数字转型到数智重生 / 叶子祯,周伟华,周忠信著. -- 上海 : 上海交通大学出版社,2025. 6. -- ISBN 978-7-313-32982-0

Ⅰ. F272.7

中国国家版本馆 CIP 数据核字第 20254HY915 号

数智生产力——从数字转型到数智重生

SHUZHI SHENGCHANLI —— CONG SHUZI ZHUANXING DAO SHUZHI CHONGSHENG

著　　者:叶子祯　周伟华　周忠信	
出版发行:上海交通大学出版社	地　　址:上海市番禺路 951 号
邮政编码:200030	电　　话:021 - 64071208
印　　制:上海万卷印刷股份有限公司	经　　销:全国新华书店
开　　本:710 mm×1000 mm　1/16	印　　张:11.5
字　　数:158 千字	
版　　次:2025 年 6 月第 1 版	印　　次:2025 年 6 月第 1 次印刷
书　　号:ISBN 978 - 7 - 313 - 32982 - 0	
定　　价:88.00 元	

序一 | Preface

在这个快速变化且充满高度不确定性的时代,数字化与智能化已然成为推动社会进步和经济发展的核心动力。无论是企业、政府还是个人,都无法忽视由数智技术带来的深刻变革。数智驱动不仅是一个技术概念,更是一种全新的思维方式和运营模式。它正在重塑我们的生产方式、管理方式乃至生活方式,并逐渐成为应对复杂环境、实现可持续发展的关键力量。

本书的写作初衷,一方面源于我多年来在管理领域的研究与实践,另一方面也源于与鼎捷数智股份有限公司不谋而合的目标——为中国企业的数智化转型探索一条切实可行的路径。在多年的工作中,我有幸见证并参与了数智技术在中国乃至全球范围内的快速发展与应用。在此过程中,我深刻认识到,数智驱动不仅仅是技术的进步,更是管理理念和商业模式的革新。它要求我们从传统的"人的驱动""流程驱动"逐步转向更高层次的"数智驱动",以实现更高效、更智能的运营与管理。

本书汇总并凝练了学界和业界关于数智驱动的众多讨论,结合理论与实践提出了数智驱动的核心概念,并提炼出实时感知、快速响应、预先响应、高速迭代、自我进化等关键特质。特别地,本书创新性地提出了SUPA模型,以解构数智驱动的核心内涵。基于SUPA模型,本书详细剖析了数智驱动的5个层次(人的驱动、流程驱动、模型驱动、数据驱动、数智驱动)及其演进路径,旨在为读者提供一个全面、系统的数智驱动理论体系,同时为企业提供可借鉴的实践经验。

在本书的撰写过程中,我们始终秉持"理论与实践相结合"的原则。每一章节都力求从理论出发,结合实际的案例进行分析,既帮助读者深入理解数智驱动的理论内涵,又使其掌握数智驱动在实际中的应用方法。特别是在"数智驱动 Level 4:数智驱动"一章中,我们重点展示了数智驱动如何通过"数据自决"和"智能生成"实现企业运营模式的本质转变,为企业提供了面向未来的智能化解决方案。

数智驱动的未来充满了无限可能。它不仅能够帮助企业提升效率、降低成本,还能够推动企业创新、重塑商业模式。本书希望为读者提供一个关于数智驱动的全面视角,帮助大家更好地理解这一变革性力量,并在实践中加以应用,从而在智能时代中抢占先机。

最后,我衷心感谢参与本书编写与研究的浙江大学徐薇洁和鼎捷数智股份有限公司周增瑞等团队成员。正是你们的智慧与努力,使得本书能够系统地呈现数字智能驱动时代的管理创新与技术变革。我也希望,读者能够通过本书深入了解数智化转型的真正内涵,捕捉智能时代带来的新机遇,开创属于自己的未来。

周伟华

浙江大学管理学院求是特聘教授

2025 年 2 月

序二 | Preface

深耕企业数字化转型的理论与实践多年,我们深知这既是一个充满挑战的领域,也是一场充满魅力的探索之旅。市场上关于数字化转型的书籍琳琅满目,相关讨论层出不穷。然而,数字化转型在企业内部的落地往往困难重重,可谓"知易行难"。尤其值得关注的是,许多数字化转型的理论和方法主要源于西方经验,直接套用时,往往难以与本土企业的实际情况相契合。在数字科技飞速迭代、推陈出新的时代,中国企业若想在全球数字化浪潮中占据领先地位,仅仅对西方模式进行模仿已远远不足。

在本书中,我们引入感知-理解-规划-执行(sensing—understanding—planning—action,SUPA)模型,并系统化阐述"数"与"智"作为新型生产力,如何在企业运营管理的各个阶段发挥驱动作用。企业的数智化发展并非一蹴而就,而是一个从经验到数据、从流程到智能、从辅助决策到自主进化的渐进过程。最初,企业依赖人的经验进行数据的收集、分析、决策与执行,运营模式高度依赖个体智慧,效率受限于人的认知与判断。然而,随着管理软件的引入,流程自动化显著提升了企业的数字化能力,运营更加高效、规范。在此基础上,数学模型和运筹优化算法的应用,让企业在规划层面具备更精准的决策能力,逐步从依靠人为判断迈向数据驱动的智能决策。但真正的数智化变革,并不止于数据的积累,更在于数据如何自我演进,使企业运营从"人管数据"转向"数据自决"。当大数据与人工智能技术深度融合,企业在理解、规划乃至执行层面,都能借助算法增强分析能力,优化决策流程,甚至预测未来趋势。最终,企业迈入数智驱动时代,SUPA 循环全面升级,数据与智能技术不再只是辅助工具,而是企业运营的核心驱动力。这不仅代表着技术的变革,更是组织模式、商业逻辑与管理理念的深层次重塑,为企业未来的发展开启无限可能。

任何一种新思维的诞生,都离不开深厚的理论积累与丰富的实践经验支撑。本书的写作得到了众多学术力量的支持;同时,鼎捷数智股份有限公司长期积累的大量真实案例,为整个论述提供了有力支撑。希望本书能够抛砖引玉,助力相关人员探索一条符合中国特色的数字化转型之路。这不仅关乎企业核心竞争力的提升,更是中国经济在全球化竞争中实现跃升的关键。唯有构建适应中国国情的数字化转型框架,才能在激烈的国际竞争中占据先机,并为全球数字化进程贡献新的视角与实践经验。

周忠信

鼎捷数智股份有限公司前沿数智创新研究院院长

前言 | Foreword

　　我在企业管理软件行业工作超过三十年,也写过无数行的代码,更经历过数次的技术更迭。我们发现,不论是从 DOS 到 Windows,或是从主从式(client-server,C/S)架构到云原生(cloud)架构,对企业管理软件而言,在以"表单＋流程"所构成的抽象表达中,流程似乎仍主导着管理软件的开发与运行思路。企业流程再造(business process reengineering,BPR)更是以流程为重点改造对象,从而牵动企业的运作神经,也增加企业转型的实施难度;随着企业的信息化发展,应用系统之间的集成问题日益复杂,成本也随之增加。近几年,在公司新一代产品的研发上,我们有机会把积累多年的实务经验,加上新的人工智能技术进行总结,提出以数据思维为基础的感知-理解-规划-执行(SUPA)循环模型,从而建立一套具备动态、敏捷、韧性和转型四大核心适应能力的未来企业的观点。

　　本书不是一本讲技术开发的书,而是旨在提供一种在新思维下企业运营与新技术深度融合的全新模式。通过思维转变,我们不但可以看到一个以全新的方式运行的世界,更可以形成范式的重塑。本书从企业运营的数智化演进历程出发,定义了数智驱动发展的 5 个阶段:Level 0"人的驱动"、Level 1"流程驱动"、Level 2"模型驱动"、Level 3"数据驱动"、Level 4"数智驱动"(即充分利用数据和智能技术的数据自决、智能生成驱动)。在这一框架下,书中明确指出,Level 3"数据驱动"与 Level 4"数智驱动"之间存在着明显的转型鸿沟,需要改变思维才能跨越这道鸿沟。本书

1

也为企业从"数据驱动"迈向"数智驱动"的跨越提供了清晰的路径指引，帮助管理者认识到从"钢铁侠"（叠加式）到"变形金刚"（原生式）的运营转型不是技术升级，而是范式重塑，这是企业激活数智生产力的关键之钥。

同时，为了让本书的读者能更好地了解抽象理论与应用实践的结合，书中特意给每个驱动阶段增加了针对性的案例分享，从案例背景到解决方案及成效，都有翔实的说明，希望能真正帮助企业更好地运用数智驱动，在产品、服务、组织、商业模式等多维度上完成变革，能从容应对快速变化的市场环境，提升运营效率和决策智能化水平。数智驱动不只在企业层面发挥作用，这种新范式会重塑社会各个层面的格局与发展轨迹，让社会可以更高效、智慧地运转，让每个人都能得到更多收获与成就。

最后，本书的出版得益于多方支持，特别感谢本书的另外两位作者周伟华教授与周忠信教授，他们分别凭借扎实的理论沉淀及丰富的技术领域背景，让本书能具有实务、理论及技术实现的整合特性，在增加可读性的同时兼顾了专业性；也感谢徐薇洁老师及鼎捷数智股份有限公司团队在资料搜集及书稿整理过程中付出的努力；同时特别感谢各位编辑对本书提出的修改意见。本书的研究和写作得到了国家自然科学基金委重大项目课题"生产和服务管理决策中的人机协同新型模式研究"（编号：72192823）的资助。当然，数智驱动的定义与实践方法在业内仍未形成统一的共识，并且由于本人时间有限，书中可能存在瑕疵，请广大读者批评指正。

叶子祯

鼎捷数智股份有限公司董事长

2025 年 1 月 15 日

目录 | Contents

7　数智驱动 Level 3：数据驱动　　88

8　数智驱动 Level 4：数智驱动　　108

1

数智驱动众说纷纭

1.1 数据和智能——数智概念的基石

在当今时代,"数据"和"智能"已成为企业和社会进步的关键词,这不仅是企业的关键生产要素,更是社会创新的重要动力。在领军企业的持续推动下,"数字化转型"逐渐从流行词汇演变为战略行动,企业正积极探索数字化转型的创新路径并加以实践。基于这一背景,"数智"作为新型生产力的概念应运而生。对于企业而言,将"数智"作为生产力的核心,就形成了"数智驱动"这一新兴理念。这一理念迅速成为业界的关注焦点,引发了广泛的讨论与探索。人们对此的理解的侧重点不同,使得"数智驱动"这一概念呈现出多样的面貌。究竟什么是数智驱动?我们应如何理解它的深层含义?要深入探讨这些问题,必须首先理解数智驱动背后的核心基石——数据与智能,以及支撑这一切的数字基础设施。

1.1.1 数据:新生产要素和资产

1. 数据是新的生产要素和关键生产要素

在现代经济中,数据的作用日益突出,其已成为与土地、劳动力、资本和技术同等重要的生产要素。随着数字经济的深入发展,数据作为企业提升运营效率的核心资源,同时也推动了商业模式和服务的创新。数据在企业生产、管理和决策中的重要性与日俱增,成为当代企业不可或缺的战略资产。

数据已成为企业优化决策、提升效率的关键工具。通过对数据的精确分析,企业能够更准确地识别市场趋势、了解客户需求并优化内部运营。不同于传统的生产要素,数据不仅为企业赋能,而且使企业的决策科学化,还为企业开辟了新的商业模式。例如,企业能够借助建立在大数据基础上的预测模型,更精准地预判市场变化趋势,识别潜在风险,并优化库存管理和供应链策略,从而更有效地应对各种不确定性。

数据的无限复制性和非排他性进一步提升了其作为生产要素的地位。数据的无限复制性意味着它可以被反复使用而且不会因使用而损耗其原始价值。一次生成的数据可以在不同场景和用途中反复分析和加工,这使得数据的边际成本极低,而其带来的经济价值却可以成倍增长。数据的非排他性则是指传统要素如土地、资本等只能用于单一目标,而数据可以同时服务于多个企业和部门。这种非排他性使数据在企业中的共享和复用率极高,进一步提升了它作为生产要素的地位。通过合作和开放平台,企业能够共享数据,从而提升资源利用效率。

随着大数据和物联网的发展,企业不仅从内部运营中提取有价值的数据,还从外部市场、客户行为和供应链中获取信息资源。跨越物理边界的数据源与数智技术结合,形成了全新的生产要素体系。例如,现代企业通过物联网技术收集设备状态和运营数据,再结合大数据分析,可以优化生产流程,提升产能利用率。同时,通过对客户行为的监测,企业能够更好地理解客户需求,从而实现精准营销和个性化服务。数据来源的多样化和数智技术的不断进步为企业创造出更多经济和社会价值。

随着数据与数智技术的深度融合,数据不仅成为了新的生产要素,还推动了传统生产要素的数字化进程,助力各行业实现转型升级[1]。文化和旅游产业就是一个典型的例子。在传统模式下,景区主要依赖线下的游客接待和景点服务;而通过数字化手段,许多景区开发了"数字文旅"平台,利用虚拟现实(virtual reality, VR)、增强现实(augmented reality,

AR)等技术,将传统的文化遗产和自然景观转化为可以在线体验的数字资源。这不仅打破了时间和空间的限制,让更多游客可以通过线上渠道接触到这些资源,还创造了全新的商业模式,如在线门票销售、数字纪念品和虚拟导览等,为传统文旅产业注入了新的活力。在这一过程中,数据起到了关键作用,它不仅是推动文旅数字化转型的基础,更通过构建"数字世界"产生了"新土地"这一全新要素。数字世界中的"新土地"不同于传统的物理土地,它是通过数智技术赋能,将文化遗产、景观等传统资源转化为可在线交互的数字资源,进一步释放了这些资源的潜在价值。在这个数字世界中,数据的应用不仅延长了产业链,还提高了资源的利用效率,使传统生产要素在数字世界中以新形式创造了倍数级甚至指数级的价值。

2. 数据资产:企业的重要资产

在现代企业中,数据资源已经成为驱动创新和提升竞争力的重要基础。数据资源是指企业能够获取、存储、处理和使用的所有数据集合,这些数据的来源广泛多样,涵盖了企业内部运营、市场动态、客户行为以及供应链信息等各个方面。企业只有通过对这些数据资源进行有效管理与应用,才能为后续的数据资产化打下坚实的基础。

随着数字经济的深入推进,数据正从数据资源转变为企业的重要战略资产。企业在这一过程中经历了从"资产数据化"到"数据资产化"的转变,这标志着数据地位的显著提升以及证明了其所创造的价值不断增加。

资产数据化是企业数字化进程的第一步。在传统的企业运营中,设备、库存、物流等物理资产往往通过人工管理或纸质记录来追踪和控制。而在数字化的背景下,这些物理资产正逐渐被数据化,通过传感器、信息管理系统等技术,企业可以对其资产的运行状态、使用情况以及市场反馈进行实时监控和记录。资产数据化使企业能够对生产与运营进行精细化管理,减少浪费,提高资产的利用效率。通过这些数据,企业可以更全面地了解物理资产的使用情况,并为后续的数据分析和优化提供基础。

然而,仅仅将物理资产数据化还不足以释放数据的全部潜力。数据必须经过进一步的处理和利用,才能成为企业的核心资产,这个过程就是数据资产化。在这一阶段，数据不再只是资产管理中的附属信息，而是企业发展战略中的重要资源。通过对数据的深入分析，企业能够提取出有价值的信息，驱动业务创新和市场预测。数据资产化还意味着企业需要对数据进行系统化的管理。数据不仅需要被收集和存储，还需要通过适当的管理机制加以保护，确保其准确性和安全性。同时，企业通过数据共享和数据交易，可以将其积累的有价值数据进行货币化，进一步释放其商业潜力。

从资产数据化到数据资产化的过程，体现了数据在企业中不断上升的地位。麦肯锡咨询公司全球资深董事合伙人尤尔根·梅菲特和沙莎指出，海量的数据资产与稳固的客户关系、传承的情感纽带一样，都是成熟企业的重要资产[2]。他们形象地将存量数据比作"新的石油"，这一观点进一步强调了数据对企业未来发展的关键性。数据逐渐成为企业的核心资产，它在推动企业管理方式变革、提升生产效率以及促进业务创新方面发挥着不可替代的作用。

为了更好地发挥数据资产的价值，政府和企业都在积极推动数据产权制度的建设。2023年2月，中共中央、国务院印发了《数字中国建设整体布局规划》，提出要"释放商业数据价值潜能，加快建立数据产权制度，开展数据资产计价研究，建立数据要素按价值贡献参与分配机制"[3]。通过数据产权制度的建设，企业和个人能够更加明确地拥有和使用数据，从而促进数据的流通和交易，使数据资产化的过程得到有效保障。此外，数据产权制度和计价机制的建立还进一步推动了数据的货币化利用，使得数据能够像资本一样参与生产和分配环节。这意味着企业不仅可以通过产品和服务的直接销售获取收入，还可以通过数据共享、数据交易等形式进一步增值，最大限度地释放数据的商业潜力。

1.1.2 智能：新生产工具与动力

随着现代企业面临日益复杂的市场环境，数字智能技术逐渐成为企业新的生产工具和创新转型的动力。从生产力发展的历史来看，正是生产工具的不断创新突破，推动了生产力水平的持续跃升。在数字经济时代，大数据、人工智能、机器人技术等数字智能技术通过实现生产力工具的创新与突破，成为了新一代的生产工具与生产力动力源泉。演化经济学家卡萝塔·佩蕾丝(Carlota Perez)在《技术革命与金融资本：泡沫与黄金时代》一书中提出"技术-经济范式"，用来描述生产体系(包括组织、技术以及意识形态)的变迁[4]。她认为，人类历史上经历了五次技术革命，每一次技术革命都会带来新的技术、新的关键生产要素、新型基础设施和新兴产业的发展。当前的数字智能技术正是这场技术革命中的核心，推动企业从传统生产模式向智能化转型。

智能技术之所以能够成为企业创新和转型的动力，是因为它在推动新生产方式的形成以及新生产关系的发展中发挥了关键作用。它不仅通过实时感知、智能理解与分析、智能化决策与生成、自动化执行提升了整体运营效率，还为企业创新提供了持续的驱动力。通过颠覆性的技术创新，智能技术能够对数据等新生产资料进行生产加工，演化形成区别于传统生产方式的全新生产方式，突破传统工具的局限。例如，在感知层面，智能技术能够帮助企业实时收集和分析海量数据，从而提高企业对市场动态的反应速度；在决策层面，智能技术通过对数据的深度学习，帮助企业实现更加科学的决策。同时，智能技术的应用还推动了劳动者就业结构和劳动方式的转型，催生了新型职业形态和新的生产关系，使企业在数字经济中更加灵活、富有竞争力。

智能技术在企业中的应用可以划分为感知、认知、决策、执行 4 个层面，下面将逐一讨论其在这些层面的应用和作用。

1. 感知层面

感知层面的智能技术以大数据技术为典型代表。大数据是指通过对海量数据的采集、存储、处理和分析，帮助企业全面掌握市场变化、客户行为和企业自身运营情况。通过大数据的应用，企业能够在短时间内处理来自多个来源、不同类型的数据，从而获得实时、精细的市场洞察信息。例如，零售企业通过大数据分析能够更好地了解客户的购买行为和偏好，从而优化产品库存和营销策略,以满足不同客户的需求。

2. 认知层面

认知层面的智能技术着重模拟人类的理解和认知过程,帮助企业在数据的基础上获取洞察能力和相关知识。这一层面通常涉及更深度的数据处理,能够应对复杂的情境和抽象概念,包括自然语言处理(natural language processing, NLP)、认知计算、语义分析、数字孪生和元宇宙等。

自然语言处理用于让计算机理解、解释和生成自然语言文本。NLP帮助企业在客户服务、市场调研、客户反馈分析等场景中,实现智能化的语言理解和交互。例如,利用 NLP 技术,企业可以通过分析客户评论和反馈,快速获取客户对产品或服务的满意度和意见,从而做出改进。

认知计算是一种模仿人类思维过程的计算方法,通过学习、推理和理解复杂信息,帮助企业在高度不确定性的环境中应对问题。例如,金融机构使用认知计算系统来分析市场风险,基于历史数据、实时市场动态和行业情报做出应对措施,降低风险。

语义分析技术能够深入理解数据和文本中的隐含含义,从而帮助企业获取更深层次的知识。例如,通过对文档和报告的语义分析,企业可以自动归纳出关键信息,帮助管理者快速掌握动态。

数字孪生和元宇宙也可以涉及认知层面的应用。企业可以通过数字孪生技术来"理解"设备行为及其对运营的影响,以形成相应的操作指导。数字孪生是指在数字世界中建立物理实体的数字化映射,通过实时数据反馈,企业可以在数字世界中模拟真实生产环境,预测生产中的潜在问题并进行优化。例如,制造企业可以使用数字孪生技术对生产线进行模拟,提前发现瓶颈并优化生产流程,从而提高生产效率和资源利用率。

元宇宙则是数字孪生的进一步拓展,通过构建虚拟互动空间,为用户提供沉浸式的体验。例如,在产品设计和研发阶段,企业可以利用元宇宙技术创建虚拟产品的三维模型,设计人员可以在虚拟环境中进行互动式的设计和测试,从而缩短研发周期,提高创新能力。

3. 决策层面

决策层面的智能技术包括机器学习、知识图谱、生成式人工智能（generative artificial intelligence，简称 GAI 或生成式 AI）、通用人工智能（artificial general intelligence，简称 AGI 或通用 AI）等，这些技术通过对大量数据的分析，帮助企业实现更科学、更智能的决策。

机器学习是一种通过数据训练模型的技术，能够自动发现数据中的模式并进行预测。例如，企业可以通过机器学习分析销售数据，建立需求预测模型，从而优化采购和生产计划，减少库存积压和断货风险。通过机器学习，企业在面对市场动态变化时能够更快地做出反应。

知识图谱是用于描述现实世界中实体及其关系的技术，可以将复杂的企业知识结构化、可视化，帮助企业更好地理解和管理知识。例如，在供应链管理中，知识图谱能够将供应商、物流、库存等要素及其关系整合起来，形成全面的供应链知识库，从而帮助企业优化供应链布局，降低运营风险。

生成式人工智能和通用人工智能则代表了更为先进的人工智能技术应用。例如，生成式人工智能可以通过自然语言处理和图像生成，为企业提供产品设计、内容营销等方面的创意支持。在企业的决策支持系统中，通用人工智能可以整合多领域的数据和信息，提供更加全面和智能的决策建议，从而帮助企业在复杂环境中保持竞争力。

4. 执行层面

执行层面的智能技术包括机器人技术和机器人流程自动化（robotic process automation，RPA）等，通过自动化手段提高企业运营的执行效率。

机器人技术在制造业中的应用最为广泛，特别是在生产流水线上的工业机器人，能够替代人完成重复性、危险性较高的任务，显著提高了生产效率并降低了人为失误的风险。例如，汽车制造企业通过机器人完成焊接、喷涂等工作，实现了生产的自动化和标准化。

机器人流程自动化是通过软件机器人来完成企业中的标准化、重复性业务流程，如财务报表生成、订单处理等。这些流程自动化技术使企业能够将员工从重复的事务性工作中解放出来,使员工将更多的精力放在更具战略意义的任务上,从而提高整体业务效率和灵活性。

智能技术正在各个层面推动企业的数字化转型,不论是感知、认知、决策、执行哪一应用层面的智能技术,都为企业的运营和管理提供新的生产工具和驱动力。这些技术不仅提升了企业的运营效率,还为企业创新和转型提供了巨大的潜力,使其能够在瞬息万变的市场环境中保持竞争力。通过感知、认知、决策和执行,智能技术为企业建立了一套完整而高效的生产工具链,为企业未来的发展提供了持续的动力。

1.1.3 数字基础设施

数字基础设施是支撑数据和智能应用的关键基础,涵盖了从数据的获取到传输、存储、处理与计算及安全保护的各个方面。这些基础设施为企业提供数据处理和智能化决策的能力,是数智驱动企业运营管理的必要条件。

1. 数据获取

数据获取是数字基础设施的首要环节,旨在通过多种手段全面收集企业运营所需的信息,典型的基础设施是互联网和物联网(internet of things,IoT)。

互联网是企业数据获取的重要载体,通过连接企业内部系统和外部客户、供应链等,互联网实现了企业与外部世界的信息交换,是数据来源和信息流通的重要通道。

物联网是企业获取数据的重要来源,通过各种设备如传感器、射频识别(radio frequency identification,RFID)等实现物理世界与数字世界的连接,帮助企业实时收集生产设备、供应链和客户行为等各方面的信息,使企业能够对物理实体进行数字化感知,从而为后续数据分析和决策提供基础。

2. 数据传输

数据传输是确保企业内部与外部信息交换高效顺畅的重要环节,5G

技术是这一环节中的重要支撑。5G 网络为数据的高速传输提供了基础设施支持。与 4G 相比,5G 拥有更快的传输速度、更低的延迟和更高的连接密度,能够满足企业在实时传输和处理大量数据的需求。例如,智能制造和远程协作系统需要依赖高速可靠的网络,以确保实时通信和响应。

3. 数据存储

数据存储是企业管理和利用数据的核心部分,主要依托于云计算技术来保障数据的高效保存与随时可用。云计算是数据存储和处理的重要基础。它提供了弹性扩展的存储空间,可以根据企业业务需求动态调整资源,减少企业的 IT 成本。通过云存储,企业不仅可以存储和管理海量数据,还可以通过云计算资源实现大规模的数据分析和应用部署,提升业务灵活性和敏捷性。

4. 数据处理与计算

算力是实现数据分析和智能化处理的关键要素,简而言之就是设备的计算能力(computing power)[5]。数字经济的发展推动了海量数据的形成,数据处理需要云、边、端协同的强大算力和广泛覆盖的网络连接。高效的数据中心和超级计算集群(简称超算集群)能够提供强大的计算能力,支持人工智能、机器学习等复杂算法的运行。算力网络正逐渐成为一种前沿性的新型信息基础设施,通过在云、边、端之间按需分配和灵活调度计算资源、存储资源以及网络资源,算力网络能够实现算力资源的高效利用和供给。

算力基础设施可以分为边缘算力和云端算力。边缘算力提供对本地数据的快速响应能力,而云端算力则支持大规模数据的处理和分析。两者的结合使得企业能够充分利用各类算力资源,实现资源高效调度,提升生产和管理效率。在数字经济时代,算力的重要性不断增强,成为衡量企业竞争力的重要指标。国家也在大力推进算力网的建设,系统优化算力基础设施布局,促进东西部算力高效互补和协同联动,引导通用数据中心、超算中心、智能计算中心、边缘数据中心等合理梯次布局,构建全国一体化算力网[3,6]。

5. 数据安全保护

数据安全保护是确保数据在传输、存储和使用过程中不被篡改或泄露的重要保障，包括区块链技术、加密技术、访问控制和数据备份等多个方面的措施。

区块链技术通过分布式账本和加密方式，确保数据的不可篡改性和透明性。在企业供应链管理和金融交易中，区块链能够建立可信的数据共享机制，有效保障数据的安全。

加密技术能够确保数据在传输和存储过程中的安全性，应用该技术后，只有授权用户可以访问敏感信息。对称加密和非对称加密广泛应用于企业数据传输和云存储中，以保证数据的机密性。

访问控制包括基于角色的访问控制（role-based access control，RBAC）和多因素认证（multi-factor authentication，MFA）等机制，可以防止未经授权的用户访问敏感数据，以保障数据安全和合规。

定期备份数据并建立灾难恢复机制，是保障企业在遭遇意外（如硬件故障或网络攻击）后，能够快速恢复数据的关键措施。这一机制最大限度地降低了业务中断和数据丢失的风险，确保了企业运营的连续性。

数字基础设施通过对数据的获取、传输、存储、处理及安全保护的全面覆盖，为数智驱动的企业运营管理提供了坚实的技术支持。需要强调的是，当前书中所列举的这些数字基础设施只是各类别中的代表，并不涵盖全部。通过各模块之间的协同作用，企业能够在数字化转型中提升运营效率、实现智能化管理，从而在激烈的市场竞争中保持领先地位。

1.2 对于数智驱动的多样定义与理解

1.2.1 数智化转型与数智驱动

在深入探讨"数智驱动"之前，我们首先需要了解其背后的另一概念——"数智化转型"。数智化转型是企业数字化转型的更高级阶段，它不仅依托信息化和数字化基础,还通过数据与智能的深度融合,推动企业运营的全面升级。

具体来说,数智化转型强调企业通过数智技术实现更深层次的变革,从而提升整体效率、灵活性与创新能力。而数智驱动作为这一过程中的核心推动力,帮助企业在日常运营和战略决策中充分发挥数智技术的潜力。因此,数智化转型与数智驱动紧密相关,数智驱动为数智化转型提供了实际的实现路径和方法论。

1. 信息化、数字化与数智化

企业的数字化转型大致可以分为以下 3 个阶段:信息化、数字化和数智化[7,8]。这是企业在不同阶段逐步利用信息技术、数据技术和智能技术提升其运营效率和市场竞争力的历程。

从技术发展角度来看,信息化是企业数字化进程的起点,通过信息技术(information technology,IT)和通信技术(communication technology,CT)技术改善业务流程和资源管理,使企业实现信息的收集和管理的自动化。信息化的主要目标是提高企业对信息的获取和使用效率,将信息技术融入企业的各个环节,提升运营效率和管理水平。信息化的普及为企业后续的数字化和数智化奠定了基础。

数字化则是在信息化的基础上,通过将信息转化为可以由计算机处理的数字形式,实现在计算机系统中的仿真和应用,从而重塑企业的运营模式和商业环境。数字化不仅关注信息、数据的存储和管理,还包括了对业务流程的全面数字化,使企业能够实时获取运营数据,优化内部资源配置,提高决策效率。例如,通用电气公司(General Electric Company,GE)在工业领域应用数字孪生技术,通过在数字世界中建立物理设备的虚拟模型(数字孪生),实现了设备的实时监控和预测性维护[9]。数字孪生技术能够模拟物理设备的运行状态,并通过物联网传感器实时获取数据,这使得 GE 能够预见设备的潜在问题,进行及时的维护,从而避免意外停机,提升设备的运行效率和安全性。

数字化还包括对业务模式的转型,使企业能够更好地适应不断变化的市场环境。在数字化阶段,企业不仅将数据转化为可以由计算机处理的形式,还借助大规模数据分析、区块链、云计算等技术,将业务流程进行优化,建立新的业务模型。这一阶段的重点在于通过数字技术提升业务敏捷性和响应能力,使企业具备更强的市场竞争力。

在数字化的基础上,数智化进一步推动了数据与智能的结合,即形成"数据＋智能"的模式。数智化不仅仅是业务流程的数据化,更强调智能化的应用,通过大数据、人工智能等技术,提升企业在生产、管理和决策中的效率和准确性。数智化赋能企业提升流程效率、优化决策,并实现业务的个性化和敏捷响应,从而保证企业在市场竞争中保持优势地位。

数智化的特点在于数据与智能技术的融合应用。通过对数据的深度挖掘和应用,数智化使得企业的生产过程和管理决策具备了智能化的能力。例如,企业通过大数据分析可以洞察客户行为,基于人工智能算法优化生产流程,借助物联网设备实现生产设备的智能监控。然而,与数字化阶段不同,数智化更注重智能技术对数据的深度处理和主动决策能力。比如在这一阶段,物联网设备不仅用于采集数据,还能够通过与智能算法的结合,实现对设备状态的预测和优化调整。这些技术手段的综合应用,使企业能够在动态环境中做出更为精准和迅速的反应,满足客户个性化需求,并实现生产和管理的高度自动化。

2. 数智驱动:数字化转型的一部分

数智驱动是数字化转型的核心组成部分,是企业迈向全面智能化运营的关键环节。有学者将数字化转型定义为一种通过数字技术的应用,触发企业各个层面发生重大变革的过程[10]。这一变革过程涉及最初的基础概念的提出,到特定行业的应用,再到新兴数字技术(如人工智能、区块链等)的广泛应用。数字化转型的演化是一个逐步深入的过程,而数智驱动则是这一演化中的重要组成部分,尤其体现在企业如何运用智能技术来实现全面的业务数字化与智能化,从而实现数智化。

数智驱动的目标是通过数智技术的全面应用,让企业不再依赖传统的人工操作,而是通过智能系统实现业务流程的优化和自动化控制。这不仅意味着数智技术可以辅助企业高层进行决策,还可以自动执行常规操作、实时调整策略,甚至在复杂的动态环境中做出应对,从而将企业推向一个更高层次的自动化和智能化运营阶段。

因而,本书所探讨的数智驱动与数智化有相似之处,但更聚焦于企业运营管理的全面自动化和智能化状态。数智驱动的核心在于通过数智技术的深度融合,改变企业的运营管理模式,使企业能够在更大程度上依靠数智系统完成初级和中级的任务,而不再完全依赖于人的决策和操作,从而实现高度自动化的运营管理。

那么,究竟该如何定义数智驱动呢?目前,大家对于数智驱动的理解众说纷纭,实践方式也各有不同。为了更深入地理解数智驱动的内涵及其在企业运营管理中的应用,我们将分别从业界和学界的角度展开分析。通过对这些不同角度的探讨,我们希望能够全面把握数智驱动的本质及其对企业管理的深远影响。

1.2.2 业界对数智驱动的多样理解与实践

数智驱动已经成为企业智能化转型的重要方向,但对于数智驱动的定义与实践尚无范本,各个公司根据其行业特点和发展需求探索了丰富多样的路径。不同企业对数智驱动的理解有其独特的侧重点,并在实践中结合自身优势,开发出不同的数智化解决方案。从"上云用数赋智"的国家政策引导,到全球科技巨头企业的创新实践,数智驱动的探索方式如雨后春笋般涌现,展现了企业在不同理解基础上,结合自身特点探索出独具特色的实施路径。

1. "上云用数赋智"行动:国家层面的政策引导

2020年4月7日,国家发展和改革委员会、中央网络安全和信息化委员会办公室印发了《关于推进"上云用数赋智"行动 培育新经济发展实施方案》,明确提出要加快企业"上云用数赋智"[11]。在"十四五"规划中,进一步强调了这一行动[12],其核心在于通过构建"政府引导—平台赋能—龙头引领—协会服务—机构支撑"的联合推进机制,带动中小微企业数字化转型。具体来说,"上云"重点在于推行普惠性云服务支持政策,"用数"是要更深层次地推进大数据的融合应用,而"赋智"则支持企业智能化改造,加速人工智能与实体经济的深度融合。

"上云用数赋智"行动的推出,旨在为企业数字化转型提供能力扶持、普惠服务和生态构建,帮助中小微企业解决数字化转型中"不会转""没钱转""不敢转"等问题,降低转型门槛,提升企业发展活力。在政策的支持下,企业在研发设计、生产加工、经营管理、销售服务等业务环节中全面推进数字化应用,通过云服务、大数据分析以及人工智能的深度应用,实现了生产效率的提升和创新模式的突破。

这一行动不仅体现了国家层面对数智驱动的重视,也为国内企业提供了强有力的外部支持,使得数智驱动的探索与实践成为可能。在政策的推动下,国内许多企业积极响应,结合自身特点进行数智化探索,形成了各具特色的数智驱动实践路径。

2. 阿里巴巴集团控股有限公司(阿里巴巴)的数智化转型五部曲

在现代企业数智化的探索中,阿里巴巴的全链路数智化转型五部曲是业界数智化实践的一个重要典范。阿里巴巴认为,数智化是数字化发展的高级阶段,以数字化和智能化协同来实现,且数智化涵盖了数据融合、机器智能和人文智慧三重内容,数智化的实现则是使三者结合起来引爆全链路数字化,实现智联万物和万物生长[13]。2019 年,阿里巴巴在云栖大会上提出了基于消费品生态全链路的"数智化转型五部曲",为企业的全面升级提供了一条循序渐进的路径。这五部曲分别为,基础设施云化、触点数字化、业务在线化、运营数据化以及决策智能化[14]。这些从底层到高层的步骤构成了一个完整的体系,使企业的各项能力在不断数字化和智能化的过程中逐步增强,最终形成以数据驱动的决策体系(见图1-1)。

(1)基础设施云化。阿里巴巴认为,数智化转型的基础在于构建灵活高效的基础设施,通过云计算技术,企业可以具有高弹性、高效的计算能力。基础设施云化支持企业随时应对业务变化,提高资源使用效率和业

图 1-1 阿里巴巴数智化转型五部曲

务响应速度。

（2）触点数字化。触点数字化是数智化的关键步骤之一，聚焦于企业内部外部的各个交互触点的数字化处理。阿里巴巴通过对消费者、员工、组织及合作伙伴等触点的数据化，实现全面的实时感知和数据采集。通过这些触点数据的整合，企业能够获得更全面的业务洞察，提升服务和决策的精准度。

（3）业务在线化。在完成触点数字化后，阿里巴巴推动企业将各类业务模块实现在线化。业务在线化的目标是消除业务间的数据孤岛，统一线上线下数据，实现业务的全链路在线化。这包括从自建商城到第三方平台的线上订单，以及线下的专卖店和智慧门店等多种场景，通过业务中台将所有业务环节连接起来。这样，企业可以更好地共享业务资源，提高业务协同的效率，降低信息流转的成本。

（4）运营数据化。运营数据化是阿里巴巴数智化转型五部曲中的重要组成部分，强调通过数据中台整合各业务数据，实现业务的跨部门协作和智能化优化。通过数据的沉淀与汇集，企业能够进行更精确的运营分析和管理，从而提升运营效率。例如，通过统一订单管理、库存共享以及客户行为数据的深度分析，企业可以实现对整个供应链的优化管理。

（5）决策智能化。阿里巴巴的最终目标是实现企业的智能化决策。通过大数据分析、机器学习等智能算法，企业能够基于实时的数据做出更加科学的决策。决策智能化的核心在于实现"数据驱动业务",将决策从依靠经验逐步转向依靠数据洞察和智能推理。这样,企业在面临复杂多变的市场环境时,能够更快地响应变化,抓住新的商业机会。

阿里巴巴的数智化转型五部曲为企业的数智化转型提供了一种可能的系统化路径。这一框架不仅仅是技术的升级,更是一种组织模式和商业模式的深度变革,通过基础设施、数据和智能技术的整合,帮助企业实现增量式的创新与高质量的发展。

3. 深圳市腾讯计算机系统有限公司(腾讯):"产业互联网"战略及"数字生态共建"理念

腾讯的"产业互联网"战略是业界对数智化理解与实践的重要范例之一。腾讯通过其"数字生态共建"理念,结合云计算、大数据和生成式 AI 等核心技术,帮助企业实现从传统运营到智能化、数字化运营的全面转型。其产业互联网战略强调通过开放平台和生态系统的建设,推动各行业,如智能制造、供应链管理、金融、教育等的数字化进程[15]。

腾讯在数智化应用方面积极部署生成式 AI 等先进技术。腾讯混元大模型是其产业互联网战略中的重要支撑,集成了自然语言处理(NLP)、图像生成、视频生成和智能推荐等多模态能力,可以生成文本、图像及视频内容,在多个业务场景中广泛应用。

在智能客服方面,混元大模型能够自动分析并回复客户的问题,有效减少企业的人工客服工作量。例如,在电商平台上,混元大模型能够高效处理大量客户询问,提升客户服务效率和体验。在内容生成方面,混元大模型可通过文本生成图像和视频,将其应用于广告设计和媒体创作,减少手工设计的时间,提高创意效率。此外,混元大模型还具备智能推荐功能,通过结合用户的文本、图像和视频数据,提供个性化的推荐服务,提升用户体验。

腾讯还积极推动技术和行业应用的集成。在其产业互联网战略中,云计算平台与混元大模型的结合,为企业数智化转型提供了一站式的解决方案。通过"模型即服务(model as a service, MaaS)"模式,腾讯帮助企业在云平台上使用行业特定的大型模型,支持不同行业的数智化应用。例如,在教育领域,混元大模型的个性化学习推荐和作业批改功能有效提升了教育效率,为大量学生提供了个性化的教育支持。在金融领域,混元大模型被用于自动生成市场报告和智能投资建议,帮助企业快速掌握市场动态,优化决策效率。

腾讯的"数字生态共建"理念通过开放平台、生态合作及先进技术的集成,推动了各行业数智化的深度应用。这一战略不仅帮助企业提高了运营效率和响应速度,还在金融、教育、智能制造等不同领域创造了显著的商业价值,展现了产业互联网战略的广阔前景。

4. 用友网络科技股份有限公司(用友)的"企业数智化1-2-3"模型

用友基于服务众多领先企业数智化的实践经验,于2023年提出了"企业数智化1-2-3"模型,该模型也称为企业数智化进阶模型[16]。该模型将数智化进程划分为云化连接、数据驱动、智能运营3个阶段。"云化连接"阶段,企业需要实现业务的云端部署、网络连接(包括物联网)和实时感知;"数据驱动"阶段,企业应该通过全面的数据服务、统一的数据治理来升级数智底座;"智能运营"阶段,企业需要通过人机交互和知识与应用生成,推动业务运营的智能化[16]。

这3个阶段展示了数据与智能在企业数智化进程中的紧密联系。随着企业需求的不断提升,数据与智能所提供的能力也愈加丰富,相应地对其底层支撑平台的要求也越来越高。目前,大多数企业的数智化水平仍停留在"数智化L2"阶段(数据驱动),需要进一步升级数智底座,以实现全面的数据服务。

用友认为,数智化进阶模型可以指导企业逐步实现从云化连接到数据驱动,再到智能运营的全面数智化升级。例如,一些企业基于用友iuap平台构建了数智化供应链,通过深入挖掘离线数据,实现采购流程的可视化和风险识别,从而能够实时调整采购流程,并对供应商进行画像评价。这一转型过程将提升企业的运营效率,并为企业的创新发展提供有力的支持。

5. 微软有限公司(微软):以智能云与智能边缘推动数字化转型

微软对数智驱动的理解主要体现在其通过智能云与智能边缘的结合,推动企业数字化转型的战略。微软的首席执行官萨提亚·纳德拉于 2018 年提出,希望通过 Azure 平台结合云计算与人工智能,帮助企业实现从传统运营向智能化、数据驱动的转型升级[17]。微软特别强调"智能云"与"智能边缘"的结合,通过这一技术融合,推动企业在各行业中的创新与智能决策,特别是在实时数据处理和边缘计算领域的创新应用。这一战略不仅推动智能化应用的全面落地,还聚焦于解决如何通过云与边缘计算的无缝连接,推动实时数据处理和决策优化,进而创造新的业务模式和应用场景的问题。

作为微软的核心平台,Azure 通过集成 Azure Machine Learning、Azure Cognitive Services 等服务,为企业提供了从机器学习模型构建、训练到部署的全链条支持,帮助企业加速智能化决策与创新的落地。这种集成能够帮助企业在数据分析、智能决策等方面实现快速反应和高效处理。例如,Azure SQL Database Edge 支持在边缘设备上进行数据的本地化分析和处理,使企业能够在现场洞察并获取实时数据,做出更快的决策。这种云和边缘的结合模式在物联网设备、智能制造等领域具有广泛的应用前景。

围绕这一战略,微软于 2022 年 5 月推出了微软智能数据平台(microsoft intelligent data platform),旨在通过统一的数据管理、分析和治理,帮助企业高效管理数据资源,并从中获得实时信息(见图 1-2)[18,19]。该平台通过大数据、人工智能和物联网(IoT)解决方案,集成了来自多个云服务和边缘设备的数据,支持跨行业的创新与转型,为企业提供全面的数据治理与智能分析支持。例如,在金融行业,微软智能数据平台可以帮助企业分析大规模金融数据,生成市场报告,提供智能投资建议,提升业务决策的精度和速度。

通过这些技术,微软帮助企业在多个行业实现了数智化转型。特别是在零售、制造、金融和教育等领域,微软的云计算、边缘计算和人工智能解决方案使企业能够在数据管理、业务洞察和智能化决策之间形成闭环,

图 1–2　微软智能数据平台

从而提升运营效率、优化客户体验并推动业务创新。这些技术和服务的集成展现了微软在数智化企业运营管理中的深度理解与实践。

6. 谷歌公司：以数据为核心，通过 AI 驱动业务智能化

谷歌公司的数智驱动战略集中体现于其对数据和 AI 技术的深度结合。谷歌公司在《2024 年数据与 AI 趋势报告》中强调，数据是推动 AI 发展的核心驱动力，特别是在生成式 AI 技术背景下尤为重要[20]。企业需要将 AI 与自身数据紧密结合，才能使 AI 的效果最大化，进而推动业务的智能化转型。

谷歌公司在报告中指出，未来 AI 与数据技术的融合将从多个方面推动行业的创新与智能化发展。企业将越来越依赖 AI 来优化数据管理和分析流程，从而提高决策的效率，特别是在实时数据的处理和洞察方面。通过 AI，企业可以实现对大规模数据的高效管理，并通过深度学习和自然语言处理技术，从数据中获得更具价值的见解。

谷歌公司还将 AI 技术广泛应用于各行业的智能化场景中，以优化工作流程、提高生产力，并为客户提供更加个性化的服务体验。举例来说，在零售行业，谷歌 AI 应用能够通过对用户购买行为和偏好的分析，为消费者提供个性化的推荐，提升用户体验；在制造行业，谷歌 AI 应用则可以通过数据分析优化生产计划和质量控制，降低成本并提升效率。

谷歌公司通过 Google Cloud 平台为企业提供了一系列工具和服务，支持数据与 AI 的深度融合。例如，BigQuery 作为其云端数据仓库解决方案，能够高效地存储和分析数据；Vertex AI 则为企业提供了端到端的

机器学习开发平台,帮助企业在数据驱动的基础上构建和部署定制化的AI模型。这些工具使得企业可以更容易地将数据转化为业务洞察,从而推动智能化应用的全面落地。

通过强调数据驱动、实时洞察和行业智能化应用,谷歌展现了其在数智驱动企业运营管理中的前瞻性和实践力。这些理念和技术的应用不仅帮助企业提升了运营效率,还推动了企业的创新与数字化发展。

7. SAP 的"智慧企业"理念

SAP 对数智驱动的理解可以参考其于 2021 年提出的"智慧企业"理念。该理念定义了一种全新的企业运营模式,即利用集成而灵活的业务流程,由数据驱动并嵌入人工智能,从而转变企业的运营方式[21]。这一理念不仅仅是引入现代技术工具的技术方法,更是通过运用大数据、人工智能等资源来优化决策和创新业务模式的战略方法。SAP 强调智慧企业通过集成数据和智能技术,改变传统的商业流程,将企业数据转化为智能化决策,从而显著提升企业的运营效率。

在实际应用中,SAP 通过提供多样化的产品和服务来支持企业实现智慧企业的转型。例如,SAP 的企业资源计划(enterprise resource planning,ERP)系统——SAP S/4HANA Cloud,通过嵌入 AI 和分析功能,帮助企业实现实时数据处理和智能运营[22]。此外,SAP 的业务技术平台(business technology platform)支持企业在数据和分析、应用开发、自动化和集成等多个方面进行持续创新。

2024 年 3 月,SAP 还宣布其 SAP Datasphere 解决方案增加了生成式AI 功能,以帮助企业简化数据管理流程并加速企业规划过程[23]。通过这种创新,SAP 帮助客户充分利用其数据,获得更深入的洞察、更快的增长和更高的效率。这些技术工具使得企业可以通过智能自动化来优化运营流程,提高灵活性和响应速度,从而在市场竞争中取得优势。

借助智慧企业的理念,SAP 运用集成化的业务流程和智能化技术,推动企业从传统运营向智能化运营的全面转型。通过大数据、人工智能等技术,SAP 不仅帮助企业优化运营流程,还通过智能化的业务应用,提升企业的创新能力和市场竞争力。

1.2.3　学界的理解：从辅助企业决策到新型决策范式

1. 学界对数智的理解

作为数字技术和智能技术融合的产物，"数智（digital intelligence）"构成了数智驱动的理论基础。近年来，"数智"也逐渐成为学术界的热点话题，研究者们从不同角度对其内涵进行了深入解读。学界对数智的多维度解读，不仅丰富了企业在应对复杂环境中的决策方法，也为数智驱动的实现提供了方法论支持。因此，理解数智的内涵和实际应用，有助于我们更好地把握数智驱动的意义与价值。

很多学者认为，digital intelligence 指的是利用数字技术（如大数据、人工智能等）提升个体和组织在应对复杂环境中的能力。根据 Boughzala 的研究，digital intelligence 被视为未来工作中的关键能力，其被定义为获取和应用与数字技术相关的新知识和技能的能力，涵盖了在何时、何地、何种程度上如何使用这些技术以提升运营效率和结果[24]。Matthew N. O. Sadiku 等将 digital intelligence 定义为数字智商（digital intelligence quotient，DQ），其涵盖了社会、情感和认知能力，使个人能够适应数字时代的生活需求。它涉及如何利用由数字技术生成的数据来改善用户体验，并帮助人们在高度互联的世界中面对各种挑战和机遇[25]。这一定义强调了数字智能不仅是对数字技术的使用能力，更是对社会和情感智能的扩展，使个体能够在数字环境中有效地互动、学习和生活。

也有学者认为，数智的概念具有多重含义，包括数据智能、数智化、数智技术与数字智商等多个层面，它们共同构成了数智的完整定义，即数智是指拥有数字智商的个体或组织，通过运用数智技术来获取和生产数据智能，从而实现数智化。数智化不仅是对现有业务的数字化升级，更是通过智能技术推动管理和运营方式的根本性变革。王秉指出，数智可以广义地理解为数字与智能的结合[26]。具体来说，数智化（digitalization and intelligentization）包含了数字化和智能化两个方面：数字化是基础，通过数据的收集和连接构建起数字生态;智能化是目标,通过对数据的深度挖掘和分析,为企业提供智能支持,进而实现运营优化与业务创新。

这种多重含义的理解能够帮助我们更全面地认识数智在企业管理中的价值,即数智既包括技术手段的应用,也涵盖了组织能力的培养与提升。学界普遍认为,数智作为一个新兴的概念,其核心在于通过技术与数据的结合,驱动企业的持续创新与转型。

2. 学界对数智驱动的理解

基于对"数智"概念的理解,学界逐渐将讨论的焦点转向"数智驱动"。目前,大多数学者认为,数智驱动的核心在于通过数字技术(如大数据、人工智能等)进行数据的收集、分析和解读,以支持企业的战略决策。

学者们认为,数智驱动的基本内涵是通过数字技术来提升企业在复杂环境中的适应和决策能力。Sadiku 等指出,数智驱动的目标在于通过智能系统辅助企业进行数据处理和分析,从而优化企业的整体运作效率[25]。数智驱动不仅关注数据的获取和存储,更强调数据的挖掘和解读,使企业可以借助数字智能来获取对业务有价值的信息。Wu 等在其研究中强调了人工智能在数字化转型中的重要性,指出通过 AI 技术对数据进行深度挖掘,可以显著增强企业的决策能力和提升业务响应速度[10]。这种以数据为基础的决策过程能够帮助企业提高响应速度和决策准确性。此外,Boughzala 等提出,数智驱动还涉及数字智能对数字创意和数字化转型的贡献,特别是在如何将数据和智能技术结合起来推动创新方面[27]。这些观点共同描绘了数智驱动通过数据洞察和智能分析,帮助企业在复杂的市场环境中做出更优的决策的场景。

除了企业内部的战略决策,学界还探讨了数智驱动在供应链管理中的应用。程慧等在其研究中提出了"两横三纵"模型,用于描述数智供应链的数智化特征[28]。该模型包括线上化和智能化的"两横",以及基础设施、业务对象和流程规则的"三纵"(见图1-3)。"两横"中的"线上化"旨在打破物理和网络空间的边界,实现端到端的业务在线化;"智能化"则通过人工智能技术[如 RPA、光学字符识别(optical character recognition,OCR)、智能工作流等]推动业务流程的优化与重塑,从而提升整体的智能水平。"三纵"中的"基础设施"指企业运营中所需的数字平台、智能设备和数据系统,"业务对象"则强调物理对象的数字化映射以形成集成的数据资产,而"流程规则"则着重将企业的业务规则标准化并内嵌到系统中,实现流程的自动化与智能化管理。通过这一模型,数智驱动在供应链中的深度应用得以体现,企业能够实现更高效的供应链运作,从而提升整体运营效率和业务灵活性。

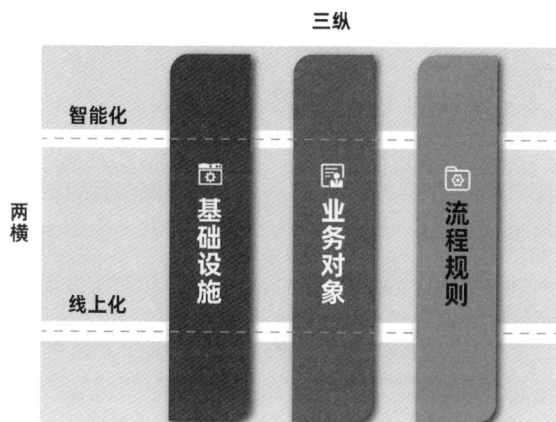

图 1-3 数智供应链的"两横三纵"数智化特征

可以看出,多数学者对数智驱动的理解仍然集中在数据驱动的层面,特别是通过数字技术实现对数据的深度利用,以支持企业的战略决策。这类理解主要侧重于利用数字化和智能化来辅助企业的决策,业务流程的主导权依然掌握在人手中。

然而,与这种传统理解不同的是,陈国青等提出了大数据驱动决策范式,他们认为企业的决策过程正在信息情境、决策主体、理念假设、方法流程等多个决策要素上发生深刻的变革[29,30]。

此前,互联网和数字化信息环境的发展,已经使管理决策逐渐从模型驱动范式向数据驱动范式转变[31]。模型驱动范式是一种通过理论推演和模型构建来理解复杂现象的传统方法,研究者基于观察和理论假设建立概念模型,并利用解析工具(如运筹学、博弈论等)对模型进行求解和优化,或者通过实证研究和数据分析来验证这些假设。相比之下,数据驱动范式则是通过统计分析、数据挖掘和机器学习等技术,从大量数据中直接发现特定变量间的关系,形成解决方案和理论。这种范式能够快速适应现代信息环境中的大数据和复杂变量,虽然其在因果解释方面有所欠缺,但在揭示隐藏模式和处理复杂数据方面具有独特的优势。

随着大数据技术的发展,企业的决策正在从关注传统流程的传统管理决策范式转向以数据为中心、多元角色参与、多种信息流交互的大数据管理决策范式,这是一种融合模型驱动和数据驱动的新型决策范式(见图1-4)。其决策要素的变化主要有以下4个方面。

图1-4 传统管理决策范式向大数据管理决策范式转变

(1)信息情境的跨域转变。支持管理决策的信息不再局限于组织或单一领域,而是纳入更加丰富的来源角度。例如,在财务管理决策中,除了依赖企业内部的常规数据外,还引入了来自外部市场研究报告、新闻媒体、社交网络、行业年鉴等多种非官方渠道的数据。通过整合这些跨领域的信息,智能系统可以挖掘出传统方法难以测量的企业潜在价值,从而显著提高企业价值评估与投资管理决策的准确性和可靠性。

(2)决策主体的转变。传统的以人为主、计算机辅助决策的情形开始被打破。随着大数据和人工智能的发展,智能系统逐渐成为独立决策主体,与人类共同参与决策过程、进行协同决策。例如,在人力资源管理中,智能机器人可以自动进行简历筛选、岗位匹配、面试评估等。这些系统不仅辅助人类决策，还能独立承担部分决策任务，特别是在高频率和复杂情境中，这显著提高了决策的效率和客观性。这种人机协同的方式，使得企业的决策过程更为智能和高效。

（3）理念假设的转变。传统管理决策依赖强假设范式，如假设需求服从特定分布、消费者行为完全理性等，以简化模型求解。然而，大数据的广泛应用使得这些传统假设逐渐被实际观测到的数据取代。例如，运营管理中的库存管理模型可以通过大数据分析获取更加精准的供需关系，从而无须依赖过去的简化假设。这使得决策过程更加贴近现实，提升了决策的科学性和有效性。

（4）流程方法的转变。传统的线性决策流程逐渐被更加灵活和动态的非线性流程取代。传统管理决策通常是按照固定的步骤进行，如确定目标、获取信息、选择方案等。然而，大数据的全局刻画和实时反馈特性，使得决策过程呈现多维交互的复杂性，阶段间的转换具有高度随机性。例如，在营销领域中，传统"营销漏斗"理论的"意识—考虑—购买—忠诚—宣传"模式对应着"吸引—转化—销售—保留—联系"的线性步骤和策略。而现在，这一理论逐步被消费者全生命周期的全景式、非线性决策流程取代，通过实时数据分析不断调整营销策略，从而更加准确和及时地响应市场动态变化。

这一新型的决策范式为数智驱动的企业管理提供了全新的视角，即不再仅仅是通过数据技术来辅助决策，而是通过深度的数据和模型融合，使企业的决策过程更加智能和高效。陈国青等的研究表明，数智驱动的应用正推动企业在信息系统、运营管理等多个方面实现创新性突破[29,30]，这为我们对数智驱动的理解提供了理论基础。

1.3 数智驱动框架探讨

从以上讨论中可以看出，不同学者和企业对数智驱动的理解各有侧重,有的专注于数字化与智能化的结合,有的则关注数智化在不同业务场景中的具体应用。为了更好地理解现有关于数智驱动的讨论,我们将业界和学界的主要观点进行对比总结(见表1-1)。

表1-1 数智驱动的多样定义与理解观点总结对比

观点来源	观点概要
阿里巴巴	"数智化转型五部曲",包括基础设施云化、触点数字化、业务在线化、运营数据化和决策智能化
腾讯	"产业互联网"战略,通过数字生态共建推动行业数智化
用友	"企业数智化1-2-3模型",分为云化连接、数据驱动和智能运营3个阶段
微软	"以智能云与智能边缘推动数字化转型",依托Azure平台实现从数据到智能的升级
SAP	"智慧企业"理念,通过数据和智能技术改变运营方式
谷歌	以数据为核心,通过AI推动业务智能化
Sadiku等[25]	数智驱动通过智能系统辅助企业优化运作效率
Wu等[10]	人工智能技术对数据进行深度挖掘,提升决策能力
Boughzala等[27]	数字智能在推动数字创意和数字化转型中的作用
程慧等[28]	"两横三纵"模型,强调线上化与智能化的特征
陈国青等[29,30]	大数据驱动决策,强调信息情境、决策主体、理念假设和方法流程的变革

通过上述表格可以看出,尽管业界和学界从不同角度探讨了数智驱动,但大多数观点主要集中在对"数字化+智能化"以及"数据驱动"的讨论。随着企业数字化转型的推进,传统的数字化与智能化层面的讨论已经不能完全满足企业的需求。企业亟需的是通过"数智"这一综合生产力来"驱动"运营管理,也就是通过智能化的数据处理与决策生成机制,实现高效运作与智能决策,推动企业运营管理进入全新阶段。

在这一过程中,数智驱动使企业自动收集实时数据并做出决策,推进任务执行,无须依赖预设流程或人工干预。在复杂业务场景下,数智驱动创新性地生成决策与执行方案,提出解决方案以应对未知情境。

因此,数智驱动的核心在于将技术与管理过程深度融合,帮助企业在复杂业务场景中实现效率和创新的双重提升。为了深入探讨如何将数智驱动与企业运营深度融合,本书将聚焦数智驱动的实际应用,填补现有关于这一主题的讨论空白。具体来说,我们将通过以下 3 部分展开讨论。

(1) 定义"数智驱动"的特质,并详细解释这些特质是如何帮助企业在动态市场中保持竞争力的。

(2) 明确数智驱动的定义,并阐述其核心实现路径,包括如何通过自主数据处理、任务执行与决策生成机制推动企业运营管理的智能化与创新,提出数智驱动企业运营管理的 5 个发展阶段:从 Level 0 到 Level 4,逐步描述企业数智化运营的发展历程,展示企业在不同发展阶段的特点与变化。

(3) 引入企业运营管理的 SUPA 循环模型,通过引入感知-理解-计划-执行(sensing—understanding—planning—action,SUPA)循环模型,系统地展示"数""智"作为生产力如何在每个阶段"驱动"企业运营管理,尤其是在复杂业务环境中的应用。

这些内容将为企业提供激活数智生产力的实践路径,帮助企业实现从"数字化"到"数智化"的转变,进而推动数智驱动的企业运营管理全方位转型。

2

数智驱动特质

在第 1 章中，我们初步探讨了数智驱动的内涵，明确了其在企业转型中的重要性及理论背景。数智驱动并非单纯的技术集合，而是一个具有特定特征的动态驱动力量，能够推动企业在复杂环境中实现持续创新与高效运营。接下来，我们将重点解析数智驱动的核心特质，包括实时感知、快速响应、预先响应等六大关键特质（见图 2-1）。这些特质构成了数智驱动的基础，赋予其在多变市场环境中的适应力和洞察力，为企业运营管理提供新的驱动力。

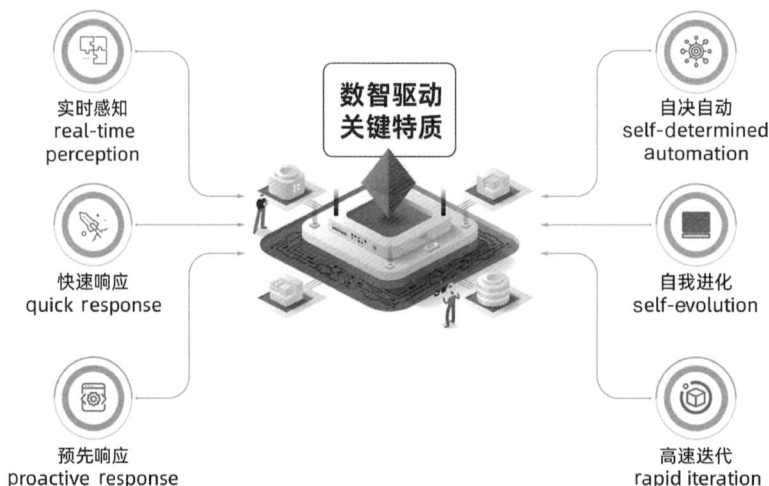

图 2-1 数智驱动的六大关键特质

2.1 实时感知

实时感知(real-time perception)是指企业能够即时、准确地捕捉和理解内外部环境中的关键信息变化,包括市场动态、客户需求、供应链状态、技术趋势以及内部运营数据等,以便迅速做出决策和调整策略,从而保持竞争优势和市场响应能力。实时感知的基础是万物互联(internet of things, IoT),它要求将工厂、设备、生产线、产品、供应商和客户等要素无缝整合,构建一个高度互联互通的智能网络。在这个网络中,数据如血液般自由流动,使得企业能够跨越传统界限,快速且精准地捕捉来自客户、供应商以及整个生态体系的多样化需求。同时,实时感知还意味着企业能密切关注员工的工作状态、业务流程的顺畅程度以及设备的运行状态,确保每一个细微的变化都能被即时洞察并转化为优化决策的依据。

实时感知为数智化打下坚实的基石。无处不在的传感器、嵌入式终端、智能控制系统和先进的通信设施,共同编织成一个错综复杂却又高度协同的智能网络,将物理世界与数字世界紧密相连。在这个网络中,机器、设备、部件、系统乃至人之间的数字信息交流变得顺畅与高效,极大拓展了信息获取的边界与深度。这不仅提高了运营效率,还能更好地满足市场需求,推动数智化的不断深入。

作为数智驱动的重要特征,实时感知在多个行业中已经发挥了显著作用。以工业制造领域为例,江西铜业股份有限公司贵溪冶炼厂(简称江铜贵冶)的数智工厂以其卓越的实时感知能力,树立了企业数字化转型的新标杆。通过物联网技术,江铜贵冶实现了对1万台设备的智能连接和管理,充分发挥了实时数据采集和分析的优势。每一台设备、每一条生产线都被无缝连接到一张庞大的信息网络中,形成了一个高度智能化、自动化的生产体系。通过先进的数据采集与分析技术,江铜贵冶能够实时追踪原材料进厂到成品出厂的全过程,精确掌握产品质量,提高生产效率。

此外,实时感知在其他行业同样发挥着重要作用。例如,Netflix 通过分析用户观看数据和行为,实时了解观众偏好和市场趋势。通过分析用户的观看习惯、评分和反馈,Netflix 能够及时调整推荐算法,并优化内容库,从而提高用户满意度和留存率。

2.2 快速响应

快速响应(quick response)是指组织在面对市场变化、挑战或客户需求时,能够迅速采取行动和调整策略。这种响应方式强调灵活性和及时性,能够在短时间内识别问题、分析情况并实施解决方案,以应对市场动态、客户反馈或突发事件。通过快速响应,企业能够更好地满足客户期望、抓住市场机会,并在竞争中保持优势,提升整体的运营效率和客户满意度。

与反应式系统的实现原理相似[32],企业的快速响应在本质上也是通过消息触发、弹性和回弹性机制来实现的。这使得企业在应对市场动态、客户需求及内部运营挑战时,能够保持高效、灵活的响应能力。消息触发(message-triggered)意味着通过实时捕捉和处理动态信息,企业能够识别市场变化或客户需求,快速启动相应的响应流程。这种机制确保企业可以在第一时间对内外部动态做出敏捷反应。弹性(elastic)和回弹性(resilient)的协同,则确保了企业在响应启动后能够根据需求调整资源并保持高效运作。弹性(elastic)使企业能够根据市场变化和业务负载的波动灵活调整运营资源,确保各个业务流程在高效运作的同时,优化资源利用;回弹性(resilient)则确保企业在面对突发事件或外部冲击时,能够迅速恢复运营,保持关键业务流程的连续性和稳定性。最终,通过消息触发、弹性和回弹性的共同作用,企业能够实现快速响应。无论是客户的查询、订单的处理还是内部运营的问题,企业都能迅速捕捉到相关信息并采取相应的行动(见图 2-2)。这种快速响应不仅极大地提高了客户满意度和市场竞争力,还显著提高了企业内部协同工作的效率和质量。

生成式人工智能在供应链管理中的应用为企业提供了全新的快速响应能力。国际商业机器公司（International Business Machines Corporation，IBM）认为,生成式AI在需求预测、路线优化、库存管理和风险缓解等方面发挥了重要作用[33]。例如,生成式AI能够根据实时的需求信号和供应商交货

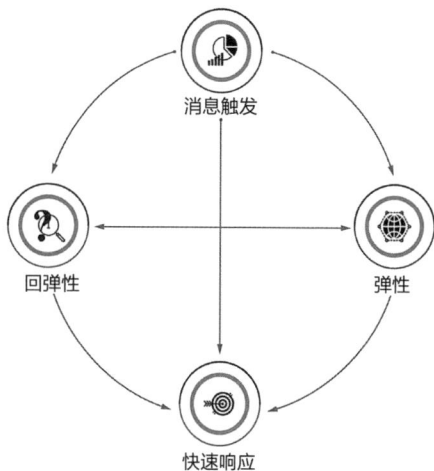

图2-2　快速响应的实现机制

时间生成优化的补货计划,确保企业在不增加库存成本的情况下满足客户需求。生成式AI还能够通过优化运输路线、动态调整库存和供应商关系管理,进一步提高运营效率并降低运营成本。这种基于数据和AI的快速响应机制,使企业能够灵活应对市场变化,提升供应链的弹性和可持续性,最终在竞争激烈的市场中保持领先地位。通过应用生成式AI,企业不仅实现了供应链管理的智能化转型,还极大地提升了在面对市场波动时的快速响应能力。

2.3　预先响应

预先响应(proactive response)是指组织或系统在面对潜在问题、市场变化或客户需求时,采取主动措施进行预防和准备的能力。这种响应方式强调前瞻性和战略性,企业通过趋势分析、需求预测和风险识别,主动调整产品、服务和策略,以避免潜在风险或抓住新机会。

对于企业来说,传统的"被动响应(reactive)"运营模式遵循的是一种线性的、客户导向的流程:企业等待客户在特定情境下提出需求,随后根

据客户的具体行为或请求来提供服务或产品,这一过程依赖于客户的主动发起与企业的被动响应。这种模式下的运营循环,每一环节都紧密围绕客户的直接需求展开,但往往存在响应滞后、服务不够灵活的问题。然而,随着数字化与智能化技术的飞速发展,企业运营模式正经历着根本性的变革,实现从"被动响应(reactive)"模式转向"预先响应(proactive)"模式的深刻转型。这种新模式的核心在于"预见性服务",即企业不再仅仅作为需求的响应者,而是转变为需求的预测者和创造者。企业利用大数据、人工智能等先进技术,广泛收集并分析客户的历史行为数据、市场趋势、环境变量等多维度信息,提前判断并主动满足客户提出的需求甚至其未明确表达的需求。以实际运营为例,"被动响应"运营模式类似于客户在需要时提出服务请求,企业才开始调动资源响应;而"预先响应"运营模式则如同企业拥有了一双"慧眼",能够洞察市场先机,预见客户需求,提前布局服务策略,如个性化推荐、预防性维护等,确保客户在意识到需求之前就已经享受到贴心服务。这种从"按需响应"到"预测需求"的转变,不仅极大提升了客户体验的满意度与忠诚度,还增强了企业的市场竞争力,实现了运营效能的质的飞跃。在企业运营管理中,预先响应不仅应用于客户服务领域,还广泛应用于供应链管理、生产计划与市场战略的制定中。通过预测市场变化和供应风险,企业能够提前调整采购计划,优化库存布局,确保在应对市场波动时依然保持高效运营。

家乐福集团公司利用智能库存管理系统实现了预先响应。它将射频识别(RFID)技术应用到其连锁超市,使得库存跟踪更加精确和高效,借此提高了整体库存管理的效率。通过使用RFID标签,连锁超市可以实时追踪商品的移动,准确地管理库存。同时,家乐福建立了智能库存预警系统,通过实时收集和分析库存数据,结合历史销售记录、市场趋势和供应链信息,预测未来的库存需求。系统利用先进的算法模型,如时间序列分析、回归模型等,对库存数据进行深入挖掘,识别可能导致库存不足或过剩的风险因素。一旦发现潜在问题,系统会自动触发预警机制,通知相关人员采取相应措施,如调整采购计划、优化库存布局或启动促销活动等。此外,该系统还可以帮助企业优化库存结构,提高库存周转率,从而降低整体运营成本。通过这些数智化手段,家乐福得以在应对复杂的市场动态时保持竞争优势,并显著提升了运营效率与客户满意度。

2.4 高速迭代

高速迭代(rapid iteration)作为一种高效策略,贯穿于产品开发与项目管理的全周期,它倡导通过紧凑的循环周期,完成迅速试验、即时反馈与持续优化的闭环流程。这种模式使企业能够持续试验和优化,提升运营效率和响应速度。

在企业运营中,高速迭代是一种核心策略,它贯穿于数据驱动的决策、软件开发、市场响应及内部协作的每一个环节。企业首先通过高效的数据处理流程,将多源数据整合为统一的数据资产,运用先进的数据挖掘技术揭示市场趋势与用户需求,为运营决策提供精准支持。同时,采用持续集成(continuous integration,CI)与持续部署(continuous delivery,CD)模式,实现代码的快速迭代与部署,确保产品与服务能够迅速响应市场变化,不断优化用户体验。这种高速迭代机制促进了跨部门间的紧密协作与信息共享,使得企业能够灵活应对市场挑战,持续创新并优化运营流程,从而在竞争激烈的市场环境中保持领先地位。

FILA公司通过高速迭代策略在数字化时代实现了从高速增长到高质量增长的蜕变。具体而言,它首先将数字化技术深度融入产品设计、供应链管理、市场营销及顾客体验等各个环节,形成了一套高效的数据收集、分析与反馈机制。这一机制让FILA公司能够迅速捕捉市场变化,了解消费者偏好,并据此快速迭代产品线和市场策略。在产品开发上,FILA公司不断试验新材料、新技术,结合市场反馈进行快速调整,确保每一款推出的产品都能满足消费者的最新需求。此外,FILA公司还积极运用社交媒体、电商平台等数字化渠道,加强与消费者的互动与沟通,收集顾客意见并将其转化为产品改进的方向。这种高度灵活与敏捷的迭代方式，让FILA公司能够持续推出创新产品，保持市场竞争力，并在快速增长的基础上，不断提升品牌价值和产品质量，实现了高质量的增长。通过数智化技术的深度应用，FILA公司不仅实现了迭代速度与质量的提升，还进一步巩固了其在行业中的领先地位，确保了其在市场中的长期成功。

2.5　自我进化

自我进化(self-evolution)是指企业能够实时监测市场变化和客户需求，自动调整运营策略，使响应更加精准。通过持续的反馈和改进，企业能够实现个性化服务、降低风险、推动创新，从而在竞争激烈的市场中保持领先地位。

作为数智驱动的内在特质，自我进化使企业能够基于实时或准实时的市场数据、用户数据和生态数据，不断调整决策、优化模型、修改规则和改进产品。这种自我进化的速度和精度是传统运营模式难以做到的，传统模式往往受限于人为因素，每一次的修改、优化或调整都需要大量的人工干预和烦琐的流程。相比之下，数智驱动下的自我进化更加客观、精准且高效。它减少了人为干预的误差和延迟，让决策更加贴近实际市场，产品更加贴合用户需求。同时，这种自我进化的能力也为企业带来了更强的竞争力和更快的响应速度，使企业在激烈的市场竞争中能够持续保持领先地位。

阿里巴巴集团作为中国乃至全球领先的电子商务和数字化服务平台，其发展充分体现了自我进化的过程。集团依托其庞大的电商平台和支付系统，不仅汇聚了海量的用户行为数据、交易数据以及市场趋势信息，还构建了一个强大的数据生态系统。这些数据如同企业的血脉，被实时收集并通过先进的数据分析技术被深度挖掘，为阿里巴巴集团提供了前所未有的市场洞察力和客户理解能力。尤为重要的是，阿里巴巴集团积极拥抱人工智能技术,特别是 AI 自我学习能力,即不断从海量数据中学习、进化,自动优化算法模型,提升预测准确性和决策效率的能力。无论是商品推荐系统的个性化匹配,还是供应链管理的智能调度,都得益于 AI 的自我学习能力,使得阿里巴巴集团能够更加精准地满足客户需求,占据竞争优势。

2.6 自决自动

自决自动(self-determined automation),是指在无需或仅需极少人力直接干预的情况下,企业内的 AI 自动化系统可以自主启动并执行学习、推理、决策以及任务执行等复杂过程的能力。这种能力根植于丰富的知识库、精妙的算法逻辑以及 AI 技术之中,使其能够灵活适应多变且复杂的环境变化。

自决自动展现出创造性的潜能,即能够生成新颖的业务流程、报告和客户沟通内容,以提升自动化的深度和广度,显著减少人工干预并提高效率。此外,自决自动还支持个性化服务,系统可以基于用户行为和偏好自动生成推荐或服务方案,提升客户体验并增强其忠诚度。

驭势科技(北京)股份有限公司(UISEE)与中国香港国际机场的无人驾驶合作项目中的"自决自动"特征尤为突出。该项目通过深度融合高级自动驾驶技术和云端智能管理平台,实现了无人驾驶车辆在机场复杂环境中的高度自主运作,几乎无需人类直接干预。驭势科技(北京)股份有限公司旗下的无人驾驶车辆能够自主感知并理解机场的复杂环境。它们装备了先进的传感器套件,包括激光雷达、高清摄像头和雷达等,能够实时捕捉周围环境的三维数据,包括道路信息、交通标志、其他车辆和行人的动态等。基于这些数据,车辆内置的算法能够进行高效的数据处理与解析,形成对环境的全面理解。在获取了环境信息后,车辆会根据预设的算法和规则,以及实时的交通状况和其他因素,自主决定最佳的行驶路径和速度。值得一提的是,无人驾驶车辆还具备自我学习和优化的能力。通过不断收集和分析行驶过程中的数据,车辆能够逐步改进其算法和模型,提高决策的准确性和效率。这种自我学习和优化的过程是一个闭环的、持续的过程,使得无人驾驶车辆在运营过程中能够不断适应新的环境和挑战。数智驱动的自决自动能力通过整合数据自决和智能生成,赋予企业在复杂环境中持续优化、创新的能力,从而推动运营管理的深度变革。这种高度自决自动的能力,使得驭势科技(北京)股份有限公司在无人驾驶领域占据优势,也为企业未来的发展提供了更加智能化和自动化的基础,这展现了数智驱动的无限潜力。

数智驱动的六大特质体现了它在实时性、灵活性和自动化等多个方面的优势,能够帮助企业及时响应市场变化,提升运营效率。这些特质不仅构成了数智驱动的核心能力,还为其在企业中的落地提供了坚实基础。接下来,我们将引入 SUPA 模型,以更系统化的方式展示数智驱动在企业运营管理中的应用路径,解析数智驱动是如何通过感知、理解、规划和执行的闭环而实现业务的高效运转的。

3

SUPA 模型

3.1 无处不在的 SUPA

数字经济时代,未来企业将以数据为燃料,彻底颠覆数字世界与物理世界的关系,利用数智驱动敏捷决策、智能运作,迈入数实融合的新发展阶段。在这一阶段,企业不仅需要利用数智化技术来加快决策速度和提高运营效率,更需要培养一种智能思维,将数据和数智技术从简单的辅助工具转变为推动业务发展的核心动力。

在这种模式下,企业能够更好地理解和利用数据,发现其中蕴含的商业信息,并通过快速响应市场变化和内部需求来实现更为智能的运营管理。这种转型不仅提高了企业的决策效率,也使企业在复杂多变的环境中拥有了强大的竞争优势和应变能力。

日常生活中的决策过程同样适用这一模式。例如,人根据天气预报决定是否带伞,这个过程包含了获取天气信息、判断可能下雨的概率、决定是否带伞到行动执行的全过程。人们通常通过电视、手机应用、互联网或广播等渠道获取天气预报,这些信息包括未来的温度、湿度和降水概率等。获得这些信息后,人们会根据自己的经验进行判断。如果预报显示未来几小时内有较高的降雨可能性,人们会意识到这可能影响出行。基于这一判断,他们会决定带上一把雨伞。最后,人们带伞出门,以应对即将到来的降雨。企业的运营管理同样涉及类似的逻辑,通过信息收集、分析、决策和执行,来适应外部变化和满足内部需求。

无论是应对复杂的商业决策,还是优化企业的运营流程,这种基于数据的思考逻辑能够帮助企业灵活应对快速变化的环境。为了进一步说明这种模式在不同场景中的应用,我们可以参考 Boyd(observe-orient-decide-act,OODA)模型,该模型被广泛应用于军事、商业和管理等多个领域,是一种经典的决策方法。

OODA 模型是由美国海军陆战队军官约翰·博伊德(John Boyd)提出的一种制定决策和执行的概念模型[34]。这个模型在快速变化的环境中应用广泛,强调通过观察、定向、决策和行动的循环来应对复杂情况[35]。OODA 模型是一个动态的循环过程,依次为经过观察收集信息(observe),判断并理解当前情况(orient),根据这些判断进行决策并选择行动方案(decide),然后执行方案(act)。整个过程是连续且迭代的,每个阶段的结果都会成为下一个阶段的起点,确保在复杂环境中灵活应对并持续调整(见图 3-1)。虽然 OODA 模型与我们所说的基于数据决策的

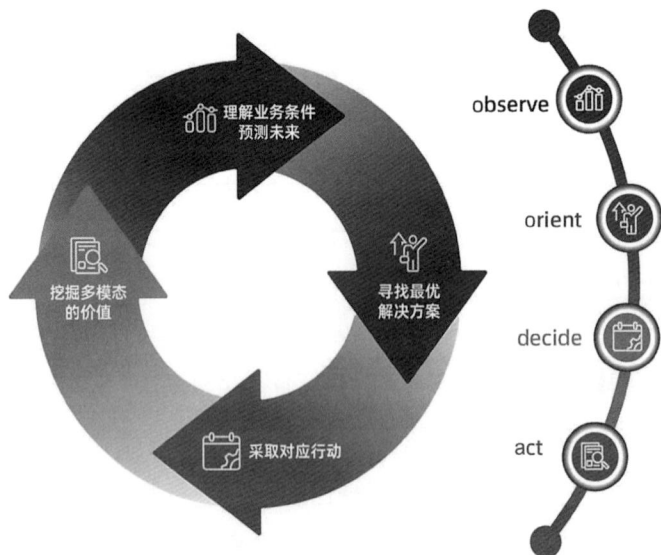

图 3-1　OODA 模型

管理方式有所不同,但两者的核心逻辑都是依赖于持续的信息收集和反馈循环,实现灵活的应对和调整。

在智能制造领域,基于数据收集、理解、决策、执行的思路同样发挥着重要作用。为了更好地理解这种模式如何在制造业中应用,我们可以参考智能制造中的一个关键技术体系——赛博-实体系统(cyber-physical system,CPS)。《CPS:新一代工业智能》一书介绍了 CPS 系统的 5C 技术体系架构(connection—conversion—cyber—cognition—configuration)。该架构由 5 个层次组成:智能连接层、智能分析层、智能网络层、智能认知层和智能配置与执行层,它们共同构成了制造系统的智能化、灵活性和自我优化能力(见图 3 - 2)[36]。

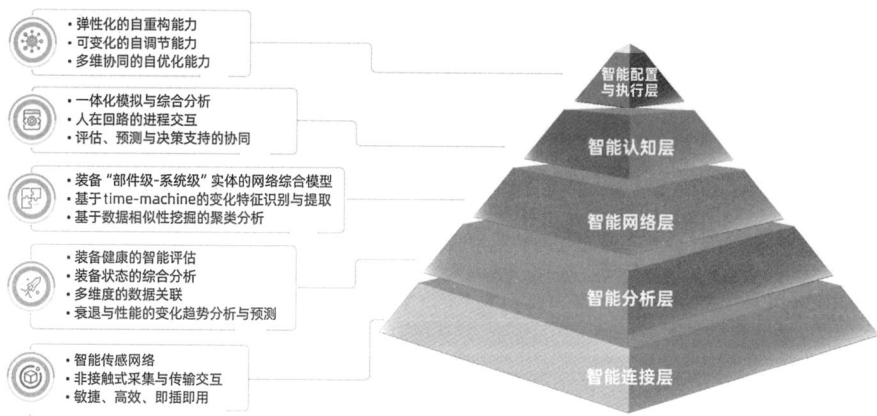

图 3 - 2　CPS 的 5C 技术体系架构[36]

智能连接层通过智能传感网络,实现设备之间的无缝互联,确保数据能够快速、准确地采集和传输,帮助制造系统实时获取生产线的环境和运行数据,为后续的分析奠定基础;智能分析层与智能网络层进一步提升了对系统状态的理解,确保信息能够在整个制造系统中高效传播;智能认知层结合预测性决策支持系统,帮助企业在生产和运营中进行前瞻性的规划和决策;而智能配置与执行层则确保系统能够根据规划迅速响应变化的生产需求。

通过这种多层次的技术体系架构,CPS 系统与现代企业的智能化运营模式相辅相成,共同推动了制造系统的智能化进程。这种协同作用不仅提高了生产效率,还增强了制造系统的灵活性与适应能力,确保企业能够在智能制造的转型浪潮中保持竞争优势。

在数字经济的推动下,基于数据收集、分析、决策与执行的思维模式不仅能够有效提升企业的敏捷性与决策效率,还为数智化转型中的核心技术提供了理论依据。无论是在军事、商业,还是在智能制造等领域,这一逻辑已成为组织应对复杂环境变化的关键工具。

事实上,这种模式在现代企业运营中的广泛适用性,正是感知-理解-规划-执行(sensing-understanding-planning-action,SUPA)模型的核心所在。SUPA 通过感知、理解、规划和执行 4 个环节的循环逻辑,帮助企业灵活应对复杂的环境,并持续优化运营策略。那么,什么是 SUPA 模型呢? 它又是如何在企业运营管理中发挥至关重要的作用呢?

3.2 SUPA 的定义

SUPA 模型是企业数智化运营的基础框架,通过 4 个环节——感知(sensing)、理解(understanding)、规划(planning)和执行(action)——为企业在复杂动态环境中的高效运营提供了系统化路径(见图 3-3)。面对快速变化的市场需求、技术发展和日益加剧的竞争,企业必须采用更加灵活和智能的运营管理方法。SUPA 模型正是为满足这一需求而设计的,通

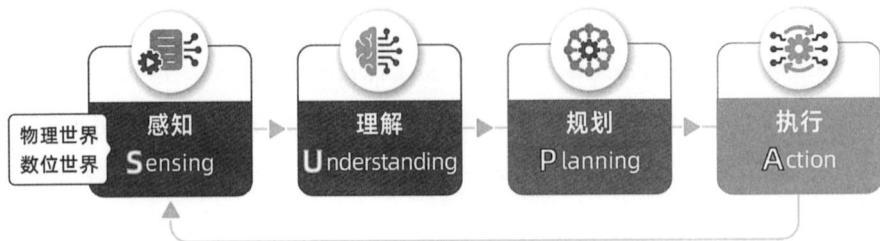

图 3-3　SUPA 模型

过系统化路径帮助企业感知环境变化、理解数据趋势、制定规划方案,并最终将方案付诸行动。SUPA 模型的每一环节均体现了企业数智化水平的不同能力,它们环环相扣,共同构成从数据获取到执行落地的闭环过程。以下是 SUPA 模型在 4 个环节中的具体表现及其相较于 OODA 模型的优势。

1. 感知(sensing)

在感知环节,企业通过多种渠道收集市场、客户和内部运营数据,以获取对外部环境和自身运营的实时洞察。这一环节不仅依赖于传感器和物联网技术对物理世界实时数据的采集,还需要来自管理信息系统[如企业资源计划(ERP)、仓库管理系统(WMS)等]、市场趋势分析、客户反馈收集和供应链动态监控等数字化信息的整合。与传统的外部观测方式不同,SUPA 的感知环节帮助企业在多个层面上获得对市场和内部环境的全面认知,为其后续决策提供丰富的数据基础。

相比之下,OODA 模型的观察(observe)主要依赖于对外部环境的直接感知,信息维度单一,缺乏 SUPA 模型的多层次数据整合能力。

2. 理解(understanding)

理解环节是 SUPA 模型的核心,旨在对数据进行深入分析和解读。通过数据清洗、整合和转换,企业能够从数据中提取出有价值的信息。借助数据挖掘、机器学习和智能算法等,企业能够识别数据背后的模式和因果关系,深入了解业务动态、市场趋势、客户需求和内部运营状况。这一过程不仅支持驱动企业即时响应运营管理任务,还使企业在战略制定上更具前瞻性。

而 OODA 模型的定向(orient)则侧重于快速判断,适用于即时情境调整,但在对深层次因素的分析和理解方面则较局限。

3. 规划(planning)

在规划环节,企业根据理解阶段的分析结果确定业务策略和制订行动计划。SUPA 模型的规划环节强调前瞻性和战略性,确保企业决策既具操作性又具有长期的战略意义。通过智能系统,企业能够优化资源配置,规避潜在风险,并设定明确的业务目标。规划环节涵盖短期的决策执行方案和长期的资源优化策略,这不仅保证了业务的连续性,还推动了企业的整体运营优化,帮助企业在不断变化的市场中保持灵活性和竞争力。

而 OODA 模型的决策(decide)主要面向短期应对,更注重快速反应,缺乏对长期业务发展的考量和支持。

4. 执行(action)

执行是 SUPA 模型的最终环节,通过将规划付诸实践,实现企业的业务目标。SUPA 模型的执行不仅包括策略落实,还涉及资源优化和组织层面的动态调整,使企业能够在执行过程中不断优化,以适应环境变化并提升运营效率。通过反馈机制,企业能够不断评估行动效果并进行优化,形成真正的闭环管理。

相比之下,OODA 模型的行动(act)更偏向于短期目标的实现,难以实现全局的深远优化。

通过感知、理解、规划和执行这 4 个环节,SUPA 模型为企业提供了全面且深入的决策支持。在每个环节中,SUPA 模型都展现出相较于 OODA 模型的更深层次优势,特别是在信息整合、深度分析和战略规划上。这使其成为企业数智化运营的有力工具,特别是在应对复杂环境中的决策需求时其独特优势得以展现。

SUPA 模型不仅在企业的运营管理中提供了全面的决策支持,还能够在不同层面上灵活应用。从微观到宏观,SUPA 模型展示了其在处理不同复杂性问题时的多功能性。在微观层面,SUPA 模型通常处理相对简单的任务,如具体的流程优化或单个业务操作的自动化,任务的标准化和操作性强;而在宏观层面,SUPA 模型面临的复杂度显著增加,通常涉及跨部门的战略决策、资源配置以及长期的市场预测等,需要处理更多不确定性和跨领域信息的整合。越微观的应用,SUPA 的操作越清晰和简单;越宏观的应用,SUPA 则越需要更加复杂的推理和决策支持,这展示出其灵活性和适应能力。

SUPA 模型不仅为企业提供了一个清晰的决策框架,帮助企业有效应对市场的复杂变化,更重要的是它通过闭环反馈机制,确保企业在应对外部环境变化和内部运营需求时能够持续优化。企业通过不断地感知、理解、规划和执行,实时调整运营策略,以适应市场变化,提升运营效率和灵活性。SUPA 模型在企业运营管理中展现出的动态性和灵活性,使其成为数智驱动企业运营管理的重要工具,帮助企业在供应链、生产制造、客户管理等多个核心环节中实现更加智能化的决策和执行,持续保持竞争优势和创新能力。这一循环过程为企业在激烈的市场竞争中提供了坚实的运营基础,实现了数智驱动下的高效管理。

3.3 数智驱动的 SUPA

数智驱动作为推动企业转型升级的关键力量,展现了六大特质——实时感知、快速响应、预先响应、高速迭代、自我进化及自决自动。这些特质不仅推动了技术的广泛应用,还促使企业在管理方式和组织结构上实现了深度调整,使其能够在复杂多变的环境中保持高效运作和持续创新的能力。

在这些特质的支撑下,企业运营管理的未来将集中体现在"数据自决"与"智能生成"两大核心能力上。

"数据自决"是指企业能够自动收集和解读实时数据,快速做出响应,而无须干预。这使得企业在业务运行中可实现对数据的自主处理与决策,自动推进任务执行,确保及时和准确的业务响应。

"智能生成"则是指企业在更复杂的业务场景中,利用生成式人工智能甚至通用人工智能,实现决策规划和执行的自动化与智能化。智能生成不仅帮助企业高效地处理复杂任务,更赋予其系统创新性,能够在未知情境下提出解决方案或创造内容,从而推动企业迈向智能化管理的新高度。这一过程标志着人工智能从辅助角色转向在某些情况下主导解决方案的创造,开启了企业运营管理的新篇章。

这是本书对数智驱动的理解。我们认为,以"数据自决"和"智能生成"为核心的数智驱动(digital-intelligence driven)代表了企业数智化运营的最高形态。然而,在达到这一高级形态之前,企业数智化运营还需要经历多个阶段的演进。我们将企业数智化运营划分为 5 个阶段(Level 0 至 Level 4)(见图 3-4)。在每个阶段中,SUPA 模型的不同环节都将逐步提升其数智水平。这一过程不仅推动了技术的深度融合,也促使企业在组织管理上不断优化,确保各个环节能够在数智驱动的支持下实现全面提升。

图 3-4 企业数智化运营五大发展阶段

1. Level 0:人的驱动(human driven)

Level 0 是企业数智化运营的初始阶段,在这一阶段,企业主要依赖人的智慧和经验进行数据的收集、理解和决策。SUPA 模型中的各环节能力相对有限,感知和理解主要依靠人的主观判断,规划和执行则受到人的决策速度和准确性的限制。在这个阶段,数智化水平几乎不存在,企业的运营效率和应对能力完全取决于人的能力和经验。

2. Level 1:流程驱动(process driven)

在 Level 1 阶段,企业通过引入管理信息系统,实现了流程的标准化和自动化。这一阶段强调对流程的优化和标准化,感知环节的效率和准确性有所提升,企业能够通过更系统化的方式收集数据;理解环节依赖数据的规则化处理;执行环节的执行变得更加规范和高效。尽管智能化程度有限,但系统化的数据管理和流程优化有效提升了基础运营效率和响应能力。

3. Level 2:模型驱动(model driven)

在 Level 2 阶段,企业通过运用数学模型和运筹优化算法来提升规划环节的决策质量。此阶段的核心在于通过精细化的优化策略，为具体的业务场景制定更精准、更科学的决策。通过模型驱动，企业能够将规划环节的决策提升到新的高度，使其基于更复杂的数据结构和运筹算法，实现资源优化与业务提升，为复杂业务决策提供了科学支撑。

4. Level 3：数据驱动（data driven）

在 Level 3 阶段，企业开始结合大数据与弱人工智能（weak AI）技术，推动 SUPA 模型的各个环节向智能化迈进。感知环节能够实时捕捉并处理海量数据；理解环节则能够通过弱人工智能技术从数据中挖掘出更深层次的业务逻辑和模式；规划环节得到了进一步的智能化提升，企业能够基于数据预测未来趋势并制定相应的策略；执行环节变得更加灵活和高效，企业的反应速度和应对能力显著提升。数据驱动极大地增强了企业的市场适应性与决策敏捷性。

5. Level 4：数智驱动（digital-intelligence driven）

Level 4 阶段代表企业数智化运营的最高形态。AI 全面渗透到 SUPA 模型的每个环节，实现了系统级的智能协同。感知环节能够通过 AI 实时采集并监控数据变化，理解环节则依靠深度学习从数据中挖掘模式和趋势，规划环节利用 AI 自主生成最优策略并动态调整，执行环节也实现了完全自动化和智能化。在这一阶段，AI 不仅辅助决策，还能够主导解决方案的创造，推动企业运营在每个环节实现智能化和自主优化。这不仅大幅提升了企业的运营效率和决策准确性，还推动了企业在组织和管理方式上的全面转型，实现了更加智能化的系统协同和自主优化。

企业数智化运营的 5 个阶段展示了企业如何通过 SUPA 各环节的数智水平提升，逐步构建起应对复杂环境的自我优化和智能决策能力，最终做到以"强数据、强智能"为特点的智能化管理运营，在竞争中实现从"人工主导"到"智能协同"的根本性变革。在接下来的章节中，本书将详细解析企业数智化运营的 5 个阶段，即从"人的驱动"到"数智驱动"的演变。我们将介绍每个阶段的概念、特点和典型案例，展示 SUPA 模型在不同阶段的应用及其核心特征。

4

数智驱动 Level 0：人的驱动

4.1　人的驱动的概念

人的驱动（human driven）是企业数智化运营的初始阶段，在这一阶段，"数"和"智"两个要素都由人来完成和体现。"数"的部分主要指数据的收集、处理和分析，而这些过程完全依赖于人的观察、经验和操作；"智"的部分则依赖于人的智慧、决策能力和创造力。在此阶段，人们通过对信息和数据的感知和理解，结合团队合作，形成企业的核心决策。虽然数据在企业运营中扮演重要角色，但它尚未系统化，企业的决策更多依赖于人的直觉和判断。这一模式强调了人的主观能动性和创造力在应对市场变化和实现企业目标中的关键作用。

这种驱动模式的理论基础可以追溯到亚当·斯密（Adam Smith）的劳动分工理论。他在经典著作《国富论》中提出，通过将工作分解为简单任务并分配给专业劳动力，可以显著提高生产效率与技能深度。这一理论被广泛应用于传统制造业与服务业，强调了人力在资源分配与任务执行中的核心作用，并成为现代企业管理理论的早期基石。

在企业运营初期，尤其是中小型企业和传统行业中，由于资源有限、市场不确定性高等限制，企业往往依靠少数关键人员的判断力和经验来指导决策和运营。这些人员通过长期的实践积累了丰富的经验和专业知识,能够迅速应对市场变化,做出有效的决策。他们的个人能力和专业素养也会成为企业初期发展的核心驱动力。

在现代企业管理的发展过程中,通用汽车公司的艾尔弗雷德·斯隆(Alfred Sloan)将分工理论进一步融入管理架构。他通过职能分工的方式,将企业运营划分为多个职能部门,每个部门专注于特定任务领域,并结合科学管理流程,大幅提升了运营效率与灵活性。这一管理实践既延续了"人的驱动"的核心思想,也为企业从依赖个体经验到追求系统化管理提供了演进路径,推动了现代管理模式的变革。

4.2　人的驱动阶段的 SUPA 特征

在人的驱动阶段,企业运营呈现两大特点:① 高度依赖个人的智慧、经验和直觉;② 随着企业规模扩大,职能分工逐步出现,但决策和行动仍主要依赖于人的判断,而非机器、算法或模型。这一阶段的核心是"人的智慧",它贯穿于信息收集、理解分析、规划决策和行动执行的全过程。与此同时,此阶段的数据应用未形成系统化,数据的收集、分析和决策多由员工基于经验与观察完成。因而,这一阶段的"数"与"智"主要体现在人力的决策能力上,强调个体智慧在适应市场变化、解决复杂问题中的关键作用。

1. 依赖个人的智慧和经验

在企业运营初期,所有的决策依赖于个人的智慧、经验和直觉。无论是信息的收集、处理,还是决策的制定和执行,数据依赖于人的观察与分析,最终决策依然基于人对数据的解读和主观判断。企业的关键员工通过直觉和经验感知市场并决策。在资源有限、市场变化快的环境下,依赖于人的灵活应变能力成为企业应对变化的关键。

尽管这种模式能够迅速适应市场变化,但由于缺乏标准化流程和系统支持,运营过程充满不确定性。企业的运营成效高度依赖于员工的能力和经验,这种依赖带来了灵活性,同时也增加了不稳定性。

2. 职能分工，但决策运营仍以人为主

随着企业规模的扩大和运营复杂度的增加，企业开始引入职能分工，通过划分职能部门来提高运营效率和管理效果。艾尔弗雷德·斯隆的贡献尤为显著，他提出的职能分工理念推动了现代管理体系的发展，该理念通过将企业内部的任务划分为不同的职能部门，帮助企业更有条理地处理复杂的运营需求。

然而，即使职能分工使工作流程更加系统化和专业化，企业的决策和运营依然依赖于个人的智慧和判断。各职能部门负责收集和处理数据，但最终的决策依然基于管理者和员工的主观分析和判断，而非依靠机器、算法或模型。数据在此时仅限于提供简单的辅助信息，如用于库存管理或市场分析，决策仍然依赖于人的判断。这意味着即使企业实现了分工协作，人的智慧仍然是企业运营的核心驱动力。

我们可以看到这一阶段 SUPA 的 4 个环节中，人的作用尤为突出（见图 4-1）。

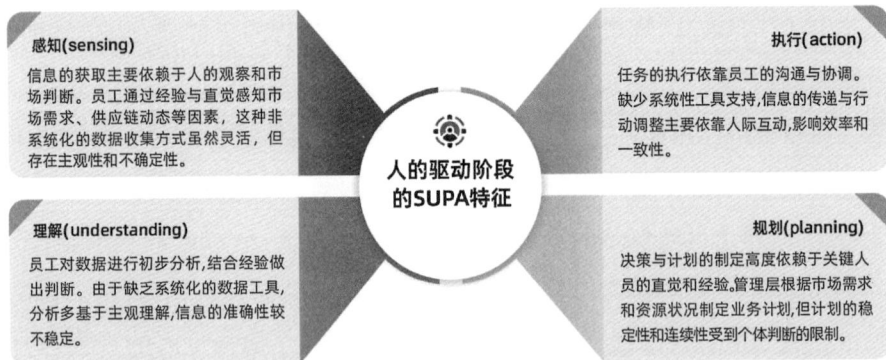

图 4-1　人的驱动阶段的 SUPA 特征

（1）感知（sensing）。信息的收集主要依赖于人的直觉、经验和市场观察。人在这个阶段通过观察市场动态、客户需求和供应链状态来感知并收集关键数据。由于缺乏系统化的数据工具，信息的感知过程存在一定的主观性和不确定性。

（2）理解（understanding）。在理解环节，数据的分析与解读高度依赖个体能力。人的经验和直觉在数据的理解和分析中起到了关键作用，他们通过非系统化的方式解读这些信息，并根据经验得出结论。这种分析过程依赖于个体的能力和判断力，员工通过对市场信息和企业内部数据的感知和判断，结合经验得出结论。然而，人的理解能力受限于个体的认知和经验，这使得信息的分析和解读往往带有主观色彩。

（3）规划（planning）。行动计划的制订同样高度依赖人的直觉、经验和对数据的分析。决策者结合自身对数据的理解和市场信息，基于对数据的分析，制订应对措施和运营计划。尽管职能部门可能已经分工明确，但最终的规划依然基于个人的判断。人的判断力直接影响了企业的战略和执行效率。

（4）执行（action）。在这一环节，企业的执行过程依赖于人力的协作与执行力。各级员工根据决策者的计划执行任务，在执行过程中，数据被用来监控任务进度和调整资源，但这些数据的使用和反应仍然由人来主导。企业内部的协调和反馈也主要通过人的沟通与调度完成。由于各个部门的信息沟通主要依靠人际互动，执行的效率和一致性受到人的主观因素影响较大。

在人的驱动阶段，无论是依赖个人智慧还是职能分工，核心依然是人的经验与判断。尽管数据在运营中发挥一定作用，但它仅限于作为简单的辅助工具，而非核心决策依据。随着企业运营复杂性的增加，企业将逐渐开始依赖更多的系统化流程和数据分析，迈向更高阶段的数智化运营。

4.3　人的驱动的优缺点

在人的驱动阶段，企业的运营高度依赖个人的智慧和经验，这种模式既有其优势，也存在一定的局限性。在分析优缺点时，可以看到这一阶段的灵活性与创新性，但同时也发现这样的模式有着较大的不确定性和依赖性。

1. 人的驱动的优点

人的驱动的优点包括以下3点。

(1)灵活应变。由于依赖人的智慧和经验,企业能够灵活应对市场的变化。人在面对复杂和动态环境时,能够通过直觉和经验迅速做出判断和调整。在数据收集和解读尚不完全的情况下,人的应变能力尤为关键,他们通过对初步数据的快速处理和解读,结合个人直觉,帮助企业根据环境变化调整策略。这种应变能力在初创企业或变化较快的行业中尤为重要。

(2)高度创新。人的智慧与经验赋予企业强大的创新能力。根据个人的主观判断,企业能够提出创新性的解决方案,这不仅体现在产品和服务上,也体现在业务模式、市场策略等各方面。由于没有完全依赖于既定的系统或算法,个人的创造性思维往往能为企业提供独特的市场洞察角度。

(3)应对复杂问题的能力。人在面对复杂问题时,凭借经验和直觉,快速整合信息并做出关键决策,虽然直觉难以量化,但在不确定环境下具有重要作用。特别是在信息不完全或时间紧迫的情况下,人的直觉反应尤为宝贵。

2. 人的驱动的缺点

人的驱动的缺点包括以下4点。

(1)高度依赖个人能力。在人的驱动阶段,企业的成功与否极大程度上取决于员工,特别是管理者的能力和经验。如果关键人物缺乏足够的能力或经验,企业将面临较高的失败风险。这种对个人能力的高度依赖特性使得企业的稳定性和可持续性较弱。

(2)精力与资源有限。个人的精力和能力是有限的。在企业规模扩大或业务复杂性增加时,依赖个人的模式将无法有效应对大量的信息处理和复杂决策。员工的工作负荷增加,尤其在长期高强度工作下,人的精力会下降,导致决策质量下降和运营效率降低。

（3）对复杂环境应对不足。尽管人在某些情况下具有强大的应变能力，但面对高度复杂、数据驱动的环境时，人的智慧和经验可能会显得不足。特别是面对现代市场的高速变化和大数据涌入的现象，依靠人的认知能力处理复杂的市场动态和大量数据变得越来越困难。当信息复杂度超过人类的处理能力时，决策质量可能会大幅下降。

（4）主观偏见和不一致性。由于依赖于个人判断，决策过程中难以避免主观偏见。这可能导致不同个体对同一问题的认知差异，从而影响企业的整体协调性和一致性。决策的标准和判断因人而异，缺乏系统化和标准化的流程，这可能会带来管理上的混乱。

在人的驱动阶段，企业的灵活性和创新能力得到了充分发挥，但也暴露出局限性。随着企业规模的扩大和市场复杂性的增加，依赖个体判断的效率和一致性逐渐下降。系统化流程和数据的引入将成为提高决策质量和企业持续发展的必要条件。

4.4　人的驱动阶段案例

1. 案例背景

A 企业是一家专注于大型电力设备生产的离散型机加工企业，面临着严峻的精细化生产挑战：该企业所生产的产品结构复杂，生产过程涉及多个环节，包括机加工、部件装配和总装配等，且生产周期较长（超过 50 天）。为了精准匹配市场需求与内部生产能力，A 企业构建了一套精密的生产计划体系。该体系的运行方式为，经验丰富的生产管理者根据订单需求、库存状况、车间在制品情况以及设备产能的数据进行分析和解读，从而做出生产决策。这些生产决策包括总生产计划以及细化后的总装、部装、机加与采购等子计划，以确保各项任务能够有条不紊地分派至相关部门执行。

然而，在实际操作中，这套精心设计的计划体系却常常遭遇不可预见的挑战，如外购原材料未能及时到货、设备故障影响生产进度、加工任务延迟完成、部装总装无法齐套等。客户临时提出的变更需求或紧急订单也加剧了生产过程中的不确定性。这些意外情况不仅会导致生产任务难以按计划推进,更可能引发订单延期交货的连锁反应,严重时将对企业的经济效益和市场信誉造成不可估量的损失。

2. 解决方案及成效

为应对这些不确定性,A企业采用了应急决策机制。每周的生产调度会成为应对突发情况的关键,各部门负责人通过面对面的沟通协调,及时调整生产计划。下面将通过一场生产调度会议,结合企业运营管理的SUPA模型,说明传统企业中人的驱动阶段是如何进行决策的。

会议名称:生产调度会。

会议目的:了解生产情况、协调资源分配、统一生产安排、解决当前问题并提高整体工作效率。

召开时间:每周五下午。

参加人员:生产副总、生产计划处负责人、各车间主任、各车间调度员、采购主管、仓管主管、质量主管等。

会议形式:会议室集中会议,或重大事件现场。

会议内容如下。

1)各部门生产情况汇报(感知)

各职能部门汇报过去一周的生产情况,重点分析未按时完成的任务并汇报当前生产中遇到的问题。

2)问题分析与讨论(理解)

针对各部门遇到的问题,深入分析其真正原因(注意各部门可能存在不同的认知,需从整体视角出发以避免信息不对称和相互指责),提出面临的困难及所需资源支持,以订单为线索,重新确定问题优先级及解决方案,并协调可用资源。此时的分析和判断主要依赖于各部门负责人的经验和对生产流程的直觉性理解。

3)生产调度安排(规划)

根据问题讨论的结果,管理层迅速调整生产计划,重新分配资源并设定优先级、明确时间节点等安排。

例如，若 1 号订单优先级最高，企业需要立即调整 3 号订单的物料，以确保 1 号订单按时完成。同时，紧急采购补充 3 号订单所需物料，避免影响后续生产。为了按时完成 1 号订单的总装，装配车间需要安排加班，总装车间的设备保养则推迟至下周，以保证生产计划顺利执行。

4）调度指令的下达与执行（执行）

各部门根据调整后的计划重新安排工作，并通过日常会议追踪生产进度。管理者通过反馈机制持续监控计划执行情况，确保问题得到及时解决。

这种管理方式在应对突发问题时有一定效果，但由于信息传递的不一致、各部门立场不同，会议主持人信息不充分以及个人能力差异，可能会出现资源分配不均（"会哭的孩子有奶吃"）的情况，决策依赖个人经验和主观判断，影响了整体效率。此过程被形象地描述为，"数据满天飞，报表一大堆，一家一个数，责任相推诿，决策无依据，老总难指挥。"而最后决策者往往是，"拍脑袋决策、拍胸脯担保、拍大腿后悔、拍屁股走人。"

从上述案例可以看出，企业尽管可以通过定期的生产调度会议来协调资源和解决问题，但仍面临诸多挑战。因此，单纯的人的驱动已经无法满足企业日益复杂的运营需求。企业要想实现更科学的资源配置和高效的决策执行，转型迫在眉睫。

5

数智驱动 Level 1：流程驱动

5.1　流程驱动的概念

　　流程驱动（process driven）是指在企业运营管理中，通过引入管理信息系统，实现数据的实时共享、沉淀和收集，同时将业务流程进行系统化、标准化和优化，从而提升运营效率和决策质量。

　　流程驱动的产生与实现，与 20 世纪末企业面临的全球竞争环境密不可分。面对全球竞争压力，美国企业在 20 世纪 90 年代初开始应用流程再造（business process reengineering，BPR）理论，旨在通过根本性的流程重构来应对新环境中的高竞争性。尽管 BPR 理论在推行中遇到一些挑战，但其理念为流程驱动奠定了理论基础，随后发展出的与业务需求更贴合的业务流程改进（business process improvement，BPI）理论，成为企业流程驱动的重要方式。

　　在流程驱动的管理模式中，管理信息系统（management information system，MIS）起到了重要的支撑作用。管理信息系统通过信息的共享、整合和实时数据监控，实现了企业各环节的高度协同，使流程更加标准化、可控化，并提升了企业运营的效率。

　　此外，数据的收集与利用是流程驱动阶段的关键要素。流程驱动阶段的数据主要来自企业日常运营的各个环节，通过管理信息系统进行收集和整合。这些系统不仅使企业内部实现数据实时共享和沉淀，还通过对关键业务指标的监控和记录，帮助企业发现流程中的瓶颈，并指导流程优化和标准化，从而在运营中实现科学决策。

5.2 流程驱动的兴起：管理信息系统的出现与流程再造

1. 流程驱动的兴起：流程再造

随着 20 世纪 70 年代至 80 年代反垄断法规的加强、贸易壁垒的降低以及信息技术的逐步应用，美国企业面临日益激烈的市场竞争。日本企业凭借其精益生产模式（lean production）和高效的流程管理，迅速在汽车、电子等领域占据优势，迫使美国企业反思其传统的业务流程。面对经济衰退和利润下降，美国企业意识到仅依赖传统组织模式难以维持竞争力，流程再造（business process reengineering，BPR）理论在这一背景下应运而生。

流程再造理论由美国麻省理工学院（MIT）的计算机系教授迈克尔·哈默（Michael Hammer）和管理咨询公司 CSC Index 的董事长詹姆斯·钱皮（James Champy）在《企业再造：企业革命的宣言书》[37]一书中提出。BPR 的目标是通过对业务流程的根本性重新设计，实现显著的业绩改进。然而，BPR 在实际操作中往往面临流程与业务脱节的问题。根据统计结果发现，有 70% 的 BPR 工程 5 年后归于失败，投资于流程再造的数百亿美元中，有 62.5% 的投资没有发挥应有的作用。

更具灵活性和持续优化导向的业务流程改进（business process improvement，BPI）思想更为企业广泛接受。与侧重于彻底的流程重构的 BPR 不同，BPI 更强调渐进式优化，注重将流程改进与业务实际需求相结合，从而实现更高的成功率与应用价值。例如，鼎捷数智股份有限公司提出了"僵化—优化—固化—持续优化"的流程改善模型，以流程与工具、业务的协同发展为核心理念。该模型通过在流程优化的每个阶段关注业务需求和工具适配性,帮助企业在提升效率的同时保持灵活性,在多个行业内展现了其应用效果。

BPI不仅为业务流程改进提供了实际的方法,其成功案例还证明了流程优化在企业运营管理中的核心地位。通过将BPI的优化理念应用于运营管理,企业逐渐形成了以流程为驱动的管理模式。这种模式通过数据和工具实现系统化与标准化,推动了流程驱动理念的发展。

2. 流程驱动的实现:管理信息系统的引入

20世纪90年代初是个人计算机、计算机网络、小型机服务器、数据库和第4代编程语言等崛起的时代,这些性能更好、价格更便宜的新一代信息技术产品的出现,恰逢其时地支持了流程驱动的理念,催生了客户机/服务器架构及企业资源计划软件等企业管理信息系统(management information systems,MIS)。

管理信息系统是一套集成的软件解决方案,旨在通过自动化和优化企业的关键业务流程来提高效率和生产力。这些系统通过整合企业运营的各个方面,提供一个统一的平台来支持业务流程、信息流,并提供报告和数据分析。在此过程中,管理信息系统不仅实现了实时数据的共享,还通过对业务流程的全面监控和记录,促进了企业数据的沉淀和收集。沉淀下来的数据为企业的后续分析和决策提供了坚实的基础,使得企业能够更好地理解业务运营中的各项关键指标,识别潜在问题并优化流程。

这样的系统不仅帮助企业提高业务绩效,还促进了跨部门的协作和协调,优化了客户和合作伙伴关系管理以及生产和分销流程。此外,该系统通过使业务可见性和可控性最大化,确保遵守法规要求,降低风险,并支持企业的扩展和模块化需求。

常见的管理信息系统按照功能与含义和管理内容可以分为以下10个类型(见表5-1),这些系统可以相互补充和集成,从而形成一个全面、高效且协同的企业运营环境(见图5-1)。

表 5-1 常见管理信息系统介绍

管理信息系统	功能与含义	管理内容
制造执行系统（manufacturing execution system，MES）	连接企业资源计划系统和生产控制层，提供实时生产过程管理	生产调度、质量管理、设备管理、物料追踪、人力资源管理
企业资源计划（enterprise resource planning，ERP）	集成企业的主要业务流程，通过信息技术支持资源管理	财务管理、供应链管理、人力资源管理、制造和产品管理、客户关系管理
供应链管理（supply chain management，SCM）	优化整个供应链的流程，提高效率、减少成本	需求计划和预测、采购和供应商管理、生产计划和调度、库存管理、物流和运输管理
仓库管理系统（warehouse management system，WMS）	管理仓库和分配中心的操作，提高仓库操作效率和准确性	库存管理、拣选和包装、接收和发运、作业和任务管理、报告和分析
产品生命周期管理（product lifecycle management，PLM）	管理产品从概念设计到退市的整个生命周期，促进团队协作和信息共享	产品数据管理、协同设计和开发、供应链协作、变更管理
质量管理体系（quality management system，QMS）	管理和改进产品和服务的质量，确保满足客户需求和合规性要求	质量规划、质量控制、质量保证、质量改进
客户关系管理（customer relationship management，CRM）	帮助企业管理与客户的关系和互动，提高客户满意度和忠诚度	客户数据管理、销售管理、市场营销自动化、客户服务和支持
办公自动化（office automation，OA）	整合企业内部办公流程，提高工作效率和协同能力	文档管理、任务和项目管理、通信和协作、工作流程自动化
人力资源管理（human resource management，HRM）	企业人力资源的全方位管理，优化人才管理，提升员工满意度和企业竞争力	招聘、培训、绩效评估、薪酬和福利管理
数据采集与监视控制系统（supervisory control and data acquisition，SCADA）	用于监控和控制分布式的设施和系统，实现远程监控和操作	实时数据采集、远程监控、报警和事件管理、历史数据记录

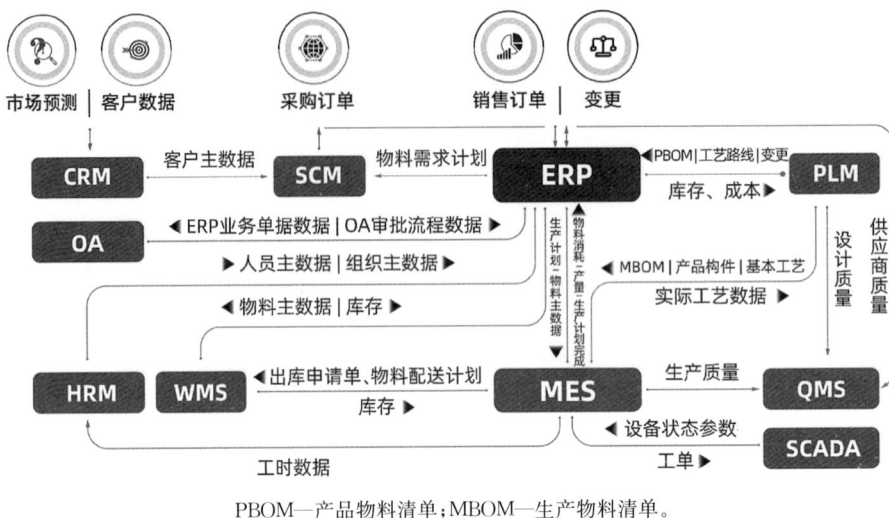

PBOM—产品物料清单；MBOM—生产物料清单。

图 5-1　管理信息系统相互补充与集成[38]

5.3　流程驱动阶段的 SUPA 特征

在传统的以人为中心的驱动阶段，企业运营高度依赖个体的知识和经验。这种模式下，业务流程往往缺乏标准化和规范化，导致工作效率低下，错误频发。由于过分依赖个人，一旦关键人员离职或缺席，整个流程就可能陷入停滞。此外，人为因素的介入也使得流程的透明度和可追溯性大打折扣，给企业的管理和监控带来了挑战。在这种模式下，跨部门协作困难重重，信息孤岛现象普遍存在，导致资源无法有效整合，响应市场变化的能力也受到限制。

相比之下，流程驱动的管理模式通过信息系统的引入，将业务知识和操作规则以固定的形式沉淀下来，实现了流程标准化和自动化。这种模式大幅降低了对个人知识和经验的依赖，提高了流程的稳定性和可预测性。

相比于人的驱动，流程驱动具有以下 4 个特点。

（1）端到端的价值链优化。流程驱动通过信息系统的标准化设计，使从原材料采购到最终产品交付的每个环节都可追踪、可管理。这不仅提高了各环节的透明度，还通过整合资源和优化操作环节，减少了浪费，提升了企业的整体效率。

（2）增强跨部门协作。集成式信息系统支持跨部门和跨职能团队的实时协作。通过共享统一的数据平台，各相关方能够及时了解项目状态、资源分配及关键任务的完成进度，从而提高协作效率，减少信息孤岛现象的发生。

（3）快速复制和推广。由于流程已固化为系统模块，新员工可以通过信息系统迅速掌握操作方法，企业也能将成功的流程模型快速复制到新业务场景或新市场，降低推广成本。

（4）敏捷的响应能力。通过实时监控流程执行情况，信息系统能够快速识别偏差并发出警报，同时提供解决问题的相关工具和建议。这种即时反馈机制赋予企业高度灵活性，能够帮助企业快速调整运营策略以应对市场变化或内部挑战。

在这一阶段，数智水平的提升主要体现在数据理解与分析（understanding）和规划（planning）这两个环节，具体包括以下两个方面。

（1）运营经验的标准化。管理信息系统将企业在生产、销售、客户服务等环节积累的经验转化为一套可重复使用的算法和操作流程。通过对业务流程的标准化设计和嵌入式规则定义，信息系统能够以一致的方式执行复杂的业务操作，从而减少人为误差。这种标准化为企业带来了流程稳定性，并提高了跨部门协作的准确性，使不同团队和岗位的人员都能基于同样的标准完成工作任务。

（2）基于规则的流程自动化。基于规则的流程自动化帮助企业在流程驱动阶段进一步提升效率。管理信息系统能够根据设定的流程规则自主完成任务的调度和推进，避免了人工逐步协调的耗时过程。

本阶段的 SUPA 特征如图 5-2 所示。

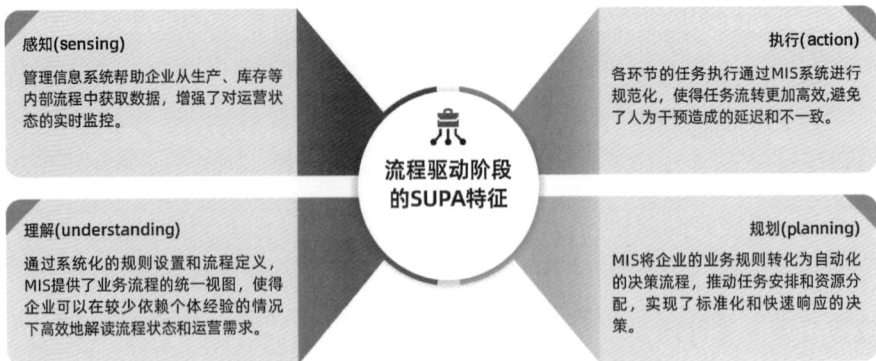

图 5-2 流程驱动阶段的 SUPA 特征

5.4 流程驱动的优缺点

流程驱动管理运营是一种以业务流程为中心的组织运作方式,通过规范化和标准化流程来提升企业的效率和质量。然而,流程驱动也有其优缺点。

1. 流程驱动的优点

流程驱动的优点包括以下 5 点。

(1)效率提升。流程驱动通过标准化流程,确保每个环节高效运作,减少时间浪费和重复劳动,从而显著提升业务效率。

(2)质量保证。明确的流程有助于维持产品和服务的一致性和高质量,实现有效的质量控制。

(3)透明度增强。流程的透明化使管理者能够实时监控业务进度,及时发现并解决问题。

(4)协同合作。流程定义了各部门的职责和交互方式,促进了团队成员之间的协作。

(5)持续改进。流程驱动通过定期评估和优化实现持续改进,推动企业长期发展。

2. 流程驱动的缺点

流程驱动的缺点包括以下 4 点。

（1）灵活性不足。固化流程可能导致在面对未预见的异常状况时，需要较多的人为介入和依赖经验进行应对，这可能减慢响应速度。

（2）适应时间与培训成本增加。随着流程优化和更新，员工需要时间适应新的工作方式，这可能导致员工记忆和操作上出现困难，同时企业需要投入资源进行培训。

（3）管理成本增加。流程的设计、部署与维护需要显著资源，会增加企业运营成本。

（4）优化迭代周期长。流程驱动的迭代和优化通常涉及多个环节和部门的协作，需要进行全面的评估和测试，这可能导致优化周期较长。

综合来看，流程驱动管理通过提升效率和规范性，为企业带来了显著的运营优势，但其灵活性和适应性挑战需要企业在实施中权衡和优化。企业在推进流程驱动时，应确保流程既能支撑业务标准化，又能快速适应环境变化，以实现更高的运营效能。

5.5　流程驱动阶段案例

某制造企业是一家专门生产电子元件的中型企业，已经运营了十多年。随着市场的技术发展和竞争对手越来越多，电子元件供应商面临需求越来越多样以及交期持续被压缩的挑战。为了维持竞争力并持续提供高质量且定制化的产品，企业导入了 ERP 系统，配合整体流程的再造，期望通过信息转型来提升企业的竞争力。以下两个案例将通过一个业务从接到订单需求，到发出生产通知单再到采购部门根据生产通知单完成原材料采购的场景，来呈现流程驱动的企业实践情况。

5.5.1 案例1：业务接单场景

1. 案例背景

一天早上，公司业务员收到了一封来自重要客户的邮件，客户希望订购一批客制化的电子元件，并要求将针脚额外修剪，以便于特定型号的显卡生产，避免空焊异常。同时，客户希望能在一个月内交货。业务员听后，立即记下了客户的需求，包括产品种类、特殊要求以及数量和交货时间。

在公司尚未应用 ERP 系统之前，面对类似的复杂需求，业务员常常感到手足无措，他需要逐个部门去确认材料状况、生产需求和生产计划。然而，由于缺乏系统化的流程，各部门之间的沟通效率极低，采购部门未收到备料通知，无法确认材料是否齐备；生产管理人员缺乏订单信息，难以制订生产计划，导致整体效率低下。

2. 解决方案及成效

ERP 系统的引入大大改善了这种情况。现在，业务员能够依据公司提供的流程规范，高效地处理客户需求。业务接单流程如图 5-3 所示。

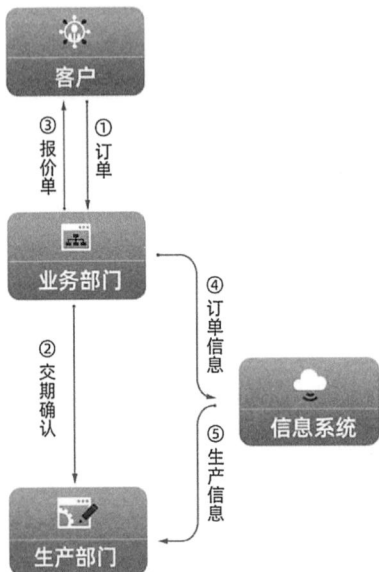

图 5-3 业务接单流程

1）核算价格与报价

业务员首先根据公司流程，将客户需求输入 ERP 系统，完成报价单的资料输入。在客户确认后，报价单才能转化为正式订单。这一步骤避免了过去因口头订单导致的生产与交付问题，确保所有订单在生产前都经过客户确认。业务员在系统中输入了电子元件的成本、报价和标准交货天数等资料，完成了报价单并发送给客户确认。由于当前产能紧张，初步评估的交货期为 5

周,业务员在报价单中明确了这一情况。

2）交期确认

客户在审核报价单后,对价格表示接受,但希望能将交期提前至 4 周。业务员随即与生产计划员协调,生产计划员尝试调整生产计划以满足客户的交期要求。这涉及他与其他业务部门的沟通,以确保生产计划的可行性。经过一系列的协调和加班计划的制定,业务员最终确认了可以在客户要求的 4 周内完成生产。

以上的沟通顺序,都是经过多年的经验累积沉淀下来的流程运作模式,以往没有这个流程规范,业务员将无法如此有序地完成整个交期确认的步骤。在胡乱沟通的情况下,业务员可能忘记确认是否可挪移生产顺序,又或者生产计划员忘记确认生产的标准产出是否满足生产数量的目标等。通过流程的规范,相关人员做事情的顺序和方法得到梳理,提升了整体的沟通效率。

3）报价签回

客户在确认最终的报价单和交期后,签字确认了订单。业务员收到签回的订单后,立即将订单信息录入 ERP 系统,并通知相关部门准备生产。

4）生产通知

生产计划员在 ERP 系统中接到订单信息后,开始制订详细的生产计划。他根据订单的需求安排生产排程,确保所有资源到位,生产能够按时开始。随后,生产计划员将生产计划和物料需求通知给生产部门和仓库管理员,确保生产顺利进行。

上述场景说明一个企业是如何通过制定一个标准的接单流程来完成从客户下单到生产通知的任务的。这一案例展示了企业如何通过 ERP 系统制定标准的接单流程,从而实现从客户下单到生产通知的一系列操作。在此过程中,ERP 系统实现了对 SUPA 中各阶段的智能支持。

（1）感知环节(sensing)。信息系统首先接收到客户的订单需求,这一环节是整个接单流程的触发点。系统通过自动化的感知机制,实时捕

63

捉并记录客户的每一个订单信息。

（2）理解环节（understanding）。随后，系统根据预设的规则和逻辑，对订单需求进行分析和理解，判断其性质和紧急程度，并确定所需的后续步骤。这一阶段的智能提升，使得相关人员对复杂订单的理解更加精准，为后续的规划提供了可靠依据。

（3）规划环节（planning）。理解订单需求后，系统自动生成一个详细的执行计划。这包括确定报价策略、安排交货日期、分配资源和任务等。系统还会提示业务人员需要执行的具体行动，如输入报价单或与相关部门协调。系统在这一阶段的智能规划，不仅提高了资源配置的效率，还能提升交付准确性。

（4）执行环节（action）。在规划阶段完成后，流程将推动业务人员执行计划中的任务。这可能包括在系统中输入报价单、更新订单状态、通知生产部门等。通过系统化的行动指导，确保每一步操作都准确无误。

当然，企业的整体运作不只是发出生产通知，后续还有各项物料规划、采购发出、到料追踪、生产掌握、出货安排等，透过流程需求，所有的部门都会在一个规范的轨道上运作，有序推进，直到完成最终的财务结账。

5.5.2　案例2：采购部门物料采购场景

1. 案例背景

接到客户订单后，业务员迅速通过 ERP 系统对订单需求进行分析。ERP 系统提供了一个集成的平台，在该系统中，业务员能够实时查看生产计划、现有库存水平，并评估生产能力，以确保能够满足客户的交货期限。在 ERP 系统中，业务员能够考虑生产线的当前负荷、在制品的进度以及任何可能影响生产的因素，从而制订出符合实际生产能力的采购计划。

2. 解决方案及成效

制订采购计划后，利用 ERP 系统的物料需求计划（material requirement planning，MRP)模块，采购需求被按物料分类，并自动分配给相应的采购人员。ERP 系统使得这一过程变得高效且准确，减少了人工操作的错误和时间消耗。采购流程如图 5-4 所示。

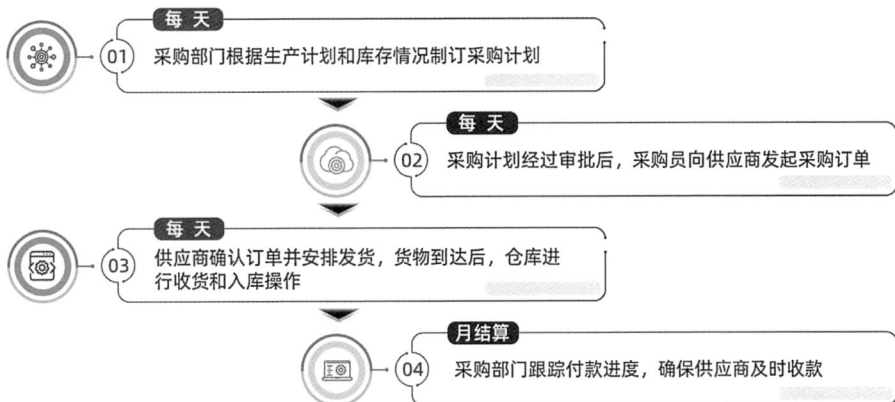

01 每 天 采购部门根据生产计划和库存情况制订采购计划

02 每 天 采购计划经过审批后，采购员向供应商发起采购订单

03 每 天 供应商确认订单并安排发货，货物到达后，仓库进行收货和入库操作

04 月结算 采购部门跟踪付款进度，确保供应商及时收款

图 5-4 采购流程

1) 采购计划的制订与执行

采购人员在 ERP 系统中接收到分配的任务后，可以直接通过系统向供应商发起电子采购订单。这些订单详细说明了所需物料的规格、数量、交货时间以及其他特殊要求。ERP 系统的电子数据交换(electronic data interchange，EDI)功能确保订单信息快速且准确地传递给供应商，减少了传统手工订单可能导致的误差和延迟风险。

2) 供应商管理与物料跟踪

供应商在接收到电子采购订单后，会根据订单要求安排生产，并确保按时完成订单。在物料生产和准备发货的过程中，供应商通过 ERP 系统的供应商门户更新交货状态，使得企业能够实时跟踪物料的发货进度。这一功能极大地提高了物料管理的透明度与可控性。

物料到达企业后，仓库人员通过 ERP 系统的仓库管理模块进行点货查收。ERP 系统记录了物料的收货信息，确保了物料管理的准确性和可追溯性。随后，质量控制人员在 ERP 系统中记录检验结果，只有检验合格的物料才会被系统标记为可入库，并由仓库人员正式收货入库。

3）对账与付款

月结时，采购人员通过 ERP 系统的财务模块与供应商核对本月度的送货信息，并发起对账单。ERP 系统提供详细的采购和付款记录，使得对账过程变得简单明了。一旦对账单得到供应商的确认，采购人员便会通过 ERP 系统通知财务部门，确保供应商能够及时收到货物款项，进一步巩固了供应链的稳健性。

4）变更管理与协同

当订单变更或设计变更导致生产计划需要临时调整时，企业内部会召开产销协同会议，讨论哪些订单与物料会受到交期影响，以及哪些物料的采购计划需要进行调整。计划人员需要将变更内容给予采购人员与生产管理人员，分别针对采购与生产的现行数据进行统计，分析变更后受影响的数据以及要调整的内容，再进行变更流程的操作与任务下发，并与供应商就新的采购变更需求进行详细确认，持续跟进变更物料的交货追踪。其中关键物料的部分，亦需要人为识别、与供应商进行特别沟通，确保物料的交期不影响变更后生产计划的进行。ERP 系统支持变更管理，使得计划人员能够迅速将变更内容通知采购人员和生产管理人员，并及时与供应商确认新的采购需求，确保物料的交货期不会影响生产计划的进行。

从以上两个场景可以看到，通过 ERP 系统和流程驱动的再造，企业能够实现采购、生产、库存和财务等各环节的高效协同，确保生产计划的顺利执行，最终高效满足客户的订单需求。

6

数智驱动 Level 2：模型驱动

6.1　模型驱动的概念

模型驱动阶段是企业运营管理从依赖流程标准化、数据积累向依靠优化技术和数学模型转变的关键节点。通过引入运筹学和优化算法，企业可以更高效地进行决策，提升资源配置的效率，并使运营效果最大化。

在这一阶段，运筹学成为企业管理中的核心工具。运筹学是一门运用数学模型和算法来解决复杂决策问题的学科，尤其强调优化这一核心概念。优化指的是通过建立数学模型来描述实际问题的目标函数与约束条件，并应用优化算法来寻找最优解或接近最优解的过程。这一过程不仅帮助企业在资源分配和管理中实现利益最大化，还能有效降低成本、提高运营效率。举例来说，在供应链管理中，企业可以通过优化模型确定最佳库存、配送路径和资源分配方式，从而提高整体运营效率。模型驱动在生产计划、市场营销和物流管理等多个领域展现了巨大的潜力和实用价值。它为面对复杂决策时的企业提供了一种更加科学、有效的解决方案。随着我们对这些方法和技术的进一步介绍，你将看到它们如何应用于企业运营的各个环节，真正推动管理效能的提升。

模型驱动不仅限于优化决策，还包括数据的收集、处理和分析。这些数据可能来自企业管理信息系统（如 ERP、MES 等）在流程驱动阶段的积累,也可能包括仿真数据、观测数据等。这些数据经过运筹学模型处理,进一步支持决策过程,确保企业在运营中的科学性与有效性。

通过模型驱动,企业不仅提升了决策的准确性和质量,还推动了组织管理方式的逐步变革。企业通过优化可以更好地应对复杂运营环境中的不确定性,同时为未来的数据驱动阶段奠定基础。

6.2 模型驱动的主要方法与应用

6.2.1 模型驱动的起源与相关概念

模型驱动的起源可以追溯到在 20 世纪 40 年代提出的运筹学。运筹学最早应用于军事领域。当时的军事行动要求在资源有限的情况下,达到最优的作战效果,这促使研究者开发出了一套系统化的决策方法,后来称这些方法为运筹学。运筹学通过数学建模和数据分析,为军事指挥官提供了更加科学的行动策略。这一方法的成功应用推动了其在其他领域的扩展,逐渐涵盖了工业、农业、经济和社会等多个领域,成为一种广泛用于优化复杂问题的科学工具。

关于运筹学的定义,莫尔斯(P. M. Morse)和金博尔(G. E. Kimball)曾指出,"运筹学是为决策机构在其控制下的业务活动中进行决策时,提供以数量化为基础的科学方法。"这一定义突出运筹学通过数学和定量分析方法帮助决策者做出更科学的决策的特点。另一种更广泛的定义是,"运筹学是一门应用科学,广泛应用现有的科学技术知识和数学方法,解决实际中提出的专门问题,为决策者选择最优决策提供定量依据。"这一定义进一步强调了运筹学的实用性和其在复杂决策中的重要性。

尽管"最优决策"是运筹学的核心目标,但在实际应用中,达到"最优解"往往是过于理想化的。在复杂的现实环境中,企业往往需要面对多个不确定因素和动态变化。为此,现代管理学大师赫伯特·西蒙(Herbert Simon)提出了"满意解(satisficing)"的概念。西蒙认为,在现实中,决策者并非总能追求最优解，而是寻找"满意解"。这个概念结合了"满意（satisfying）"和"充分（sufficing）"两个词，反映了人们在面对有限资源和信息的情况下，选择一个足够好的解决方案，而不是执着于理论上的最优解。这种决策模式，即所谓的"满意化"，为运筹学的应用提供了更灵活的框架，使企业能够在复杂多变的环境中找到次优或满意的解决方案。

在模型驱动的优化过程中，解决问题的步骤通常遵循以下 6 步：提出问题、建模、求解、解的检验、解的控制与解的实施。这些步骤通常反复进行，以确保最终解决方案能够适应复杂的现实环境（见图 6-1）。

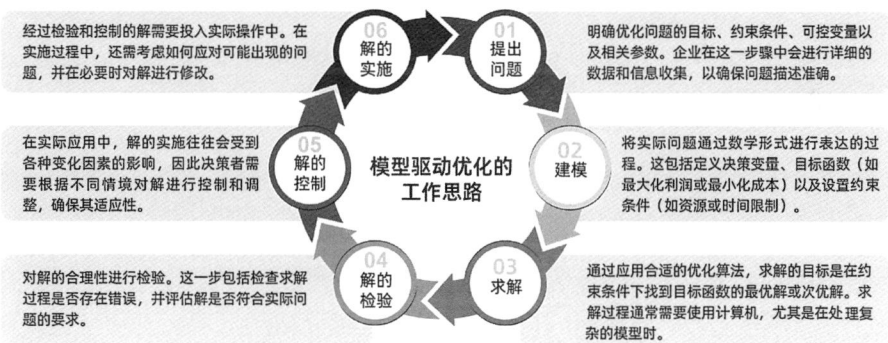

图 6-1　模型驱动优化的工作思路

以上工作流程尽管涉及多个步骤，但其中最关键的环节是建模和求解两个环节。

（1）建模。在了解问题的各个要素后，将其转化为数学模型。模型的核心在于将问题中的决策变量、目标函数以及约束条件用数学形式表示出来。例如，决策变量代表问题的可控因素，目标函数反映企业希望优化的目标（如最小化成本或最大化利润），而约束条件则体现现实中的各种限制因素（如资源、时间等）。

（2）求解。一旦模型建立，接下来就是通过数学方法或其他工具对模型进行求解。解可以是最优解、次优解或满意解，具体结果取决于模型的复杂性和决策者的精度要求。在处理复杂模型时，通常需要借助计算机和优化算法进行求解。通过求解，企业可以得到最优或接近最优的解决方案。

接下来,我们将进一步介绍模型驱动阶段常见的优化模型和求解器,这些工具在解决实际问题中扮演了重要角色。通过了解各种优化模型及其应用场景,企业可以选择最适合的工具进行建模。而通过了解不同类型的求解器,企业可以高效地处理复杂的优化问题,找到最佳解决方案。

1. 模型驱动阶段的优化模型

运筹学中的优化模型为企业解决复杂问题提供了多种方法,不同的模型适用于不同的决策场景。通过这些模型,企业能够在资源配置、生产调度、供应链管理等领域做出更加科学和高效的决策。表6-1中简要总结了几种常见的运筹优化模型及其特点和应用场景。

表6-1 常见的运筹优化模型简介

模 型 名 称	特点/描述	典型应用场景
线性规划(linear programming)	目标函数和约束条件均为线性,可快速找到最优解	资源分配问题,如如何在有限资源下实现利润最大化或成本最小化
非线性规划(nonlinear programming)	目标函数或约束条件是非线性的,处理复杂关系问题	研发和生产中的复杂优化问题
整数规划(integer programming)	解的变量必须为整数,适用于离散决策问题	人员安排、生产排程等需要整数解的场景
动态规划(dynamic programming)	处理多阶段决策问题,当前决策影响未来决策	供应链优化、库存管理等需要分阶段决策的问题
随机规划(stochastic programming)	将不确定性纳入模型,通过对随机因素进行处理做出更稳健的决策	市场需求波动、价格变化等存在不确定性的环境中
图论与网络优化(graph theory and network optimization)	处理网络结构中的优化问题,使用图来表示各节点间的连接和流量	物流配送、供应链配置、运输网络等网络结构问题
排队论(queuing theory)	研究随机服务系统中的等待现象,优化资源使用和服务效率	生产线任务调度、服务行业中的客户排队问题

模 型 名 称	特点/描述	典型应用场景
启发式方法（heuristics）	通过近似方法快速求解复杂问题，可能不完全最优但速度快	大规模优化问题，如生产计划和人员调度
遗传算法（genetic algorithm）	模拟自然选择和遗传机制，通过迭代过程逼近最优解	用于解决组合优化问题，如路径规划或调度问题
鲁棒优化（robust optimization）	处理不确定性问题，强调即使在最不利条件下也能获得满意解	制定稳健的供应链战略、应对变化频繁的市场环境
多目标优化（multi-objective optimization）	同时优化多个相互冲突的目标，寻找不同目标之间的平衡点	企业战略规划中需要在多个目标间权衡（如成本与服务质量）

运筹优化模型为企业提供了强大的工具，帮助管理者应对各种复杂决策问题。通过这些模型，企业能够在资源有限的情况下，找到最优或满意的解决方案，从而提升运营效率并应对不确定性。在实际操作中，企业通常会将多个模型结合使用，以应对复杂多变的运营环境。例如，在供应链管理中，企业可能使用线性规划来优化资源分配，并结合动态规划来做出多阶段的生产和库存决策。

2. 模型驱动阶段的运筹优化求解器

运筹优化求解器是模型驱动阶段用于求解复杂数学优化问题的核心工具。它们支持多种类型的优化问题，如线性规划、整数规划、非线性规划等，广泛应用于供应链管理、生产调度、资源分配等多个领域。求解器的发展历程展示了全球优化技术的不断进步，也反映了求解器在企业实际应用中的重要性。

图 6-2 与图 6-3 展示了全球著名的数学规划求解器的发展历程以及当前国内外著名数学规划求解器的概况。

求解器的选择通常取决于问题的复杂性、问题规模以及所需的计算精度。例如，GUROBI 和 CPLEX 在处理大型整数规划问题时表现优异，

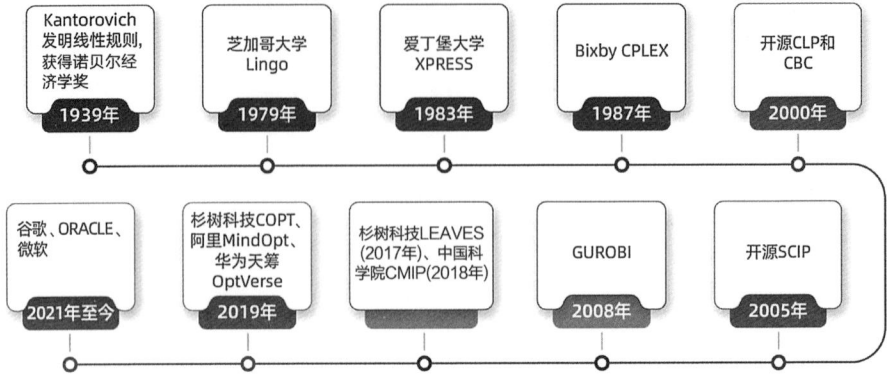

图 6-2　全球著名数学规划求解器发展历程

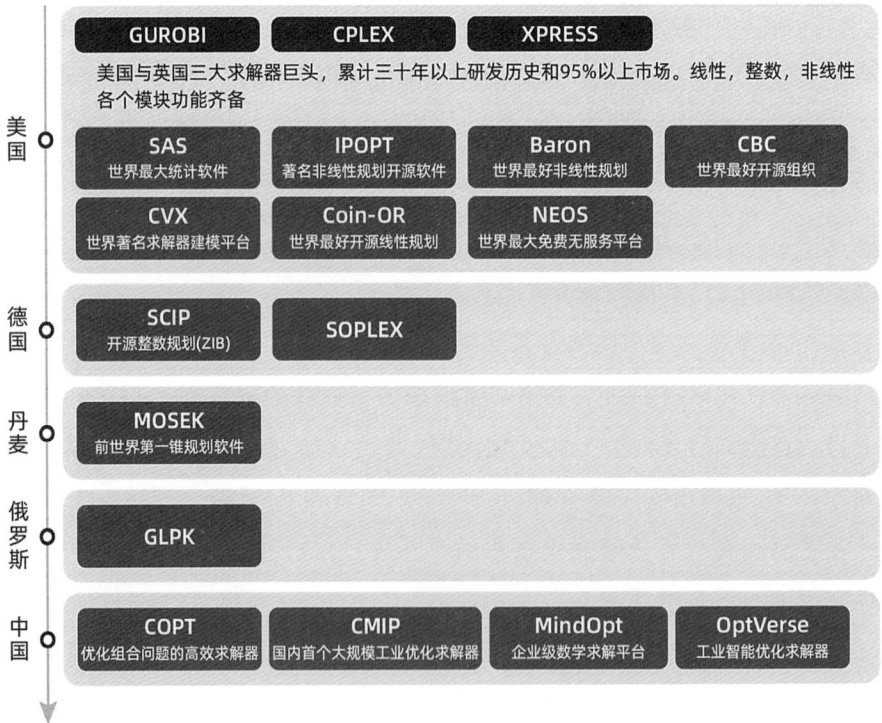

图 6-3　世界著名数学规划求解器

而 SCIP 在开源环境中的性能也备受推崇。国产求解器如 COPT 等也在智能制造和能源领域展现出强大竞争力，逐渐成为国内工业界的首选工具。

本书不详细讨论每个求解器的技术细节，有兴趣的读者可以参考相关技术文献或求解器的官方网站，进一步了解它们的技术优势、支持的数学模型和应用场景。

6.2.2　模型驱动中运筹优化方法的应用

随着企业运营管理的复杂性日益增加，流程驱动阶段下的信息管理系统虽然能够帮助企业收集和沉淀数据，但在应对诸如车间作业排程、产品配送计划、供应链网络配置等更为复杂的优化问题时，显得力不从心。模型驱动阶段，企业开始越来越多地采用运筹优化方法，通过数学模型和算法帮助管理者做出更高效、更经济的决策。

运筹优化方法在企业的多个关键领域都有广泛应用，以下是一些典型的应用场景。

1. 生产计划

生产计划是运筹优化最重要的应用领域之一。企业在进行生产管理时，需要同时协调产能、物料、设备、人力等资源。生产排程问题是其中最复杂的部分之一，主要涉及如何合理分配有限资源，以确保每个生产任务按时完成，并最大限度提高生产效率。通过线性规划、整数规划等优化模型，企业能够根据需求波动和资源限制，生成最优的生产计划。高级计划与排程（advanced planning and scheduling，APS）系统是一种专门用于优化生产计划的工具，一般使用数学规划、启发式方法、遗传算法、穷举法等优化算法，根据当前需求、可用资源、生产班次和物料状况等因素，生成最优的生产排程。与传统的生产计划系统相比，APS 系统具备更高的灵活性，能够对生产过程中的突发事件（如设备故障、物料短缺等）做出快速响应并调整生产计划。

Asprova 公司是日本最早专门研发生产排程软件的企业。2006 年，

Asprova 基于原有产品开发了 Asprova APS,支持长、中、短期生产计划的全面管理。松下电器公司在其兵库工厂的电路板组装部门引入了 Asprova APS 系统后,生产计划的精度和效率有了大幅提升[39]。引入之前,生产计划主要依靠手动制订,需 4 名专员轮流工作,并且频繁的计划调整耗费了大量时间。随着 APS 系统的应用,企业能够通过甘特图在计算机上直观地查看生产进度,将原本以"天"为单位的生产计划细化为"小时"级别,确保了资源的精确分配和高效利用。APS 的引入带来了显著的效益提升,具体表现如下。

(1)缩短生产周期。生产周期由 2 周缩短至 1 周,计划制订效率显著提高。

(2)降低人力与时间成本。排程自动化减少了人力投入,原本需要 4 名专员的工作现在只需 2 人一天即可完成。

(3)提高交货期准确性。APS 系统使企业能够更快速、准确地预估交货期,提升了客户满意度。

(4)增强突发订单应对能力。APS 的灵活调度提高了企业应对突发订单的能力,确保了生产的连续性和灵活性。

这一案例充分展示了 APS 系统在复杂生产环境中的应用价值,不仅帮助松下电器公司提高了生产效率、降低了运营成本,还增强了企业在市场中的竞争力。

2. 供应链管理

在供应链管理中,运筹优化的应用覆盖了从库存管理到物流配送的各个环节。例如,库存管理中使用库存理论来优化库存水平,确保在降低库存成本的同时,保持足够的存货满足市场需求。在物流配送中,优化模型帮助企业选择最优的配送路径和运输方式,以降低物流成本并提高配送效率。

在快速消费品行业,供应链网络的优化是企业提高运营效率和降低成本的重要手段。百事可乐瓶装集团(Pepsi Bottling Group,PBG)通过实施网络规划,成功优化了其供应链中的采购、生产和配送网络,显著降低了运营成本[40]。

PBG 的供应链覆盖北美的 57 个生产厂、1 200 多种库存量单位(stock keeping unit，SKU)产品，并配送到 360 个配送中心。随着消费者需求的变化，如碳酸饮料向非碳酸饮料的转变，PBG 面临产能分布不均和高峰期产能过载的挑战，因此决定通过优化其供应链网络布局来适应市场变化。该网络规划项目于 2005 年启动，邀请了麻省理工学院的供应链专家大卫·辛奇利维(David Simchi-Levi)教授及其团队，通过他们开发的网络优化工具 ILOG LogicNetPlus 进行供应链网络分析和优化。通过将年度的 52 周划分为 3 个时段进行产能规划，PBG 能够灵活应对市场需求的波动。此外，PBG 通过对需求数据的聚合以及对预生产与库存、运输与仓储等多个环节的全局优化，显著提高了供应链的效率。该网络规划项目实施后，PBG 的库存成本大幅降低，原材料和供应库存从 2.01 亿美元降至 1.95 亿美元；物流成本也有所下降，分销的运输里程减少了 2%，相当于全年销售额的 7%；缺货率显著降低，额外提供了 1 230 万箱饮料的供应，显著改善了成品仓库的缺货情况。

这一案例展示了供应链网络规划在优化物流配送和库存管理中的重要作用。通过使用科学的运筹优化模型，PBG 有效应对了市场需求变化的挑战，提升了供应链效率，并实现了成本的节约和企业竞争力的提升。

3. 服务业人员排班

运筹优化在服务行业的人员排班中得到了广泛应用。例如，航空公司利用优化算法合理安排飞行员和机组人员的工作时间，确保工时的合理分配与资源的高效利用。学校也运用类似的排班系统优化教师的课程安排，确保教学资源得到合理分配和充分利用。

以航空公司的机组和乘务排班优化为例。随着国内航空业的快速发展，飞机数量和航班数量的迅速增加导致了对机组人员的需求激增，超出了其培养速度。通过运筹优化技术，航空公司可以建立精细化的机组排班模型，在遵守相关规章制度的前提下，结合实际运行需求，合理安排工作环节和飞行线路，减少空勤人员搭机和过夜次数，提高人均日工时，进而降低整体运营成本。运筹优化模型还能综合考虑空勤人员的疲劳度和舒适度,确保在提高人力资源利用效率的同时,保持飞行运营的稳定性和安全性[41]。

实际上,航空业由于其高度复杂的运营模式,早已成为运筹优化技术应用的先锋行业之一。20世纪60年代,美国航空公司率先推出了全球第一个机票实时预订系统,这也是运筹优化的早期应用之一。国际航空公司如美国联合航空公司(United Airlines,UA)、美国航空公司(American Airlines,AA)、英国航空公司(British Airways,BA)和法国航空公司(Air France,AF)等,均设有专门的运筹支持团队,高度重视运筹学在公司运营管理中的应用。国内航空公司近年来也加大了运筹学在运营管理中的应用力度。例如,中国南方航空公司成立了运筹学算法研究院,中国东方航空公司则设立了算法实验室。运筹学通过数学建模、网络优化、数据分析和统计分析等技术,解决了航空业在航线规划、机票定价、座位控制、收益管理、机组配置和不正常航班恢复等方面的诸多复杂挑战,从而推动了航空公司的运营管理水平不断提升[42]。

4. 收入管理与定价优化

收入管理与定价优化在市场销售领域中尤为重要,尤其是针对企业的定价策略和收入提升。定价优化是通过对产品或服务的价格进行科学决策,最大化企业利润,同时适应市场需求变化。运筹优化方法被广泛应用于广告预算分配、产品定价、销售策略等方面,帮助企业在有限的资源下获得最大的收益回报[43]。例如,美国杜邦公司在20世纪50年代起就非常重视将运筹学用于如何做好广告工作,产品定价和新产品的引入的研究[44]。

航空业有一个经典的定价优化案例。航空公司通过收入管理系统实现航班舱位的动态定价,使每个航班的收益最大化。航空公司的座位是典型的"易逝性资源",未能及时售出的座位将无法再产生收益。为此,航空公司使用基于运筹优化的动态定价系统,根据航班的时间、预订情况、乘客需求等因素调整票价,确保在航班满员的同时,售出尽可能多的高价舱位。这种动态定价不仅提升了公司整体的利润,还优化了资源的分配与使用效率。

在零售业，定价优化同样能有效提高收入。例如，在百货公司的季末打折中，运筹优化通过分析销售数据、市场需求和库存水平，决定最佳的折扣时机和力度，以平衡清库存与维持利润间的关系。通过模型优化，企业能够避免盲目降价导致的过度损失，在清理库存的同时获得最佳收益。

运筹优化的方法还广泛应用于多个其他领域。例如，在项目管理中，企业通过运筹学模型来优化项目资源分配和时间管理；在交通运输中，运筹学用于优化路线规划、车辆调度等问题；在金融和投资领域，运筹优化可以帮助企业优化投资组合和风险管理。此外，公共事业管理（如垃圾收集、城市供水等）也利用运筹优化模型来提升效率和资源分配效果。

6.3　模型驱动阶段的 SUPA 特征

在 SUPA 的 4 个环节中，模型驱动阶段的数智水平提升主要体现在规划（planning）环节。通过运筹优化等数学模型的引入，企业能够更高效、更科学地进行未来规划和资源配置。但这一阶段的智能提升主要集中在"点"的优化上，针对具体的决策场景做出最优解。

1. 规划环节的数智提升与优化能力构建

在流程驱动阶段，企业通过 ERP 等信息系统对数据的沉淀和整合，较好地解决了 SUPA 循环中感知和理解两个环节的信息收集与分析问题。这两个环节主要是通过对历史数据的反映与理解，帮助企业把握过去的运营情况。然而，规划环节不同，它面对的是未来的不确定性，涉及预测市场需求、资源配置、生产排程等复杂决策。

模型驱动阶段通过引入运筹优化、线性规划等数学工具，为规划环节的数智提升提供了技术支持。在这个阶段，企业不仅能够基于历史数据做出预测，还能通过模型进行多场景推演与优化。例如，运筹优化可以帮助企业在生产排程中实现资源的最优分配，或在供应链管理中根据未来需求的预测调整库存和物流策略。这种优化和预测能力,使得规划环节从单纯依赖经验或人为决策,转变为基于数据和模型的智能化决策。

2. 局部优化的数智突破与局限

虽然模型驱动阶段在规划环节展现了显著的数智提升,但这一提升主要体现在特定"点优化"问题上,即通过数学规划和运筹优化等方法在局部场景中实现最优解。模型驱动阶段的优化大多依赖于确定性问题的解决,其应用场景局限于规则明确、边界清晰的领域,如生产排程、供应链优化和库存管理等具体决策问题。

然而,模型驱动在应对复杂、不确定的环境时表现出明显的局限性。由于其智能提升主要集中在某些"点"上,它难以应对企业在动态、多变条件下的全局性优化需求。因此,虽然模型驱动可以显著提高局部决策的效率和准确性,但在面对更广泛的、不确定的战略性问题时,依然受到限制。

本阶段的 SUPA 特征如图 6-4 所示。

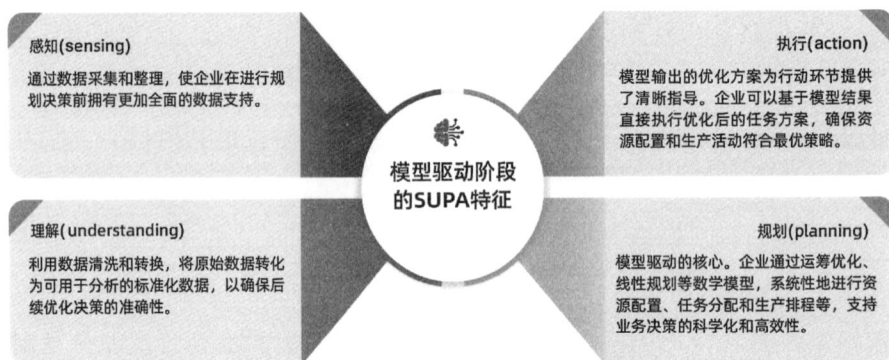

感知(sensing)
通过数据采集和整理,使企业在进行规划决策前拥有更加全面的数据支持。

执行(action)
模型输出的优化方案为行动环节提供了清晰指导。企业可以基于模型结果直接执行优化后的任务方案,确保资源配置和生产活动符合最优策略。

**模型驱动阶段
的SUPA特征**

理解(understanding)
利用数据清洗和转换,将原始数据转化为可用于分析的标准化数据,以确保后续优化决策的准确性。

规划(planning)
模型驱动的核心。企业通过运筹优化、线性规划等数学模型,系统性地进行资源配置、任务分配和生产排程等,支持业务决策的科学化和高效性。

图 6-4 模型驱动阶段的 SUPA 特征

6.4 模型驱动的优缺点

与传统依赖经验和人为判断的决策方式相比,模型驱动能够为企业提供更加精确的决策支持。然而，尽管模型驱动在优化企业运营和提升竞争力方面表现出色，但它同样存在一些局限性。以下将从优缺点两个角度对模型驱动阶段进行全面分析。

1. 模型驱动的优点

模型驱动的优点包括以下 3 点。

（1）优化决策质量。模型驱动通过复杂的数学模型和优化算法，帮助企业在资源分配、生产调度、供应链管理等领域提高决策的准确性和效率。例如，在生产排程问题中，模型驱动能够基于约束条件，如产能、物料供应、交货期等，生成最优的生产计划。通过这些优化算法，企业可以更好地匹配资源，减少生产过程中的资源浪费和非必要的停工时间，从而提升整体运营效率。

（2）提升企业竞争力。在当今市场环境下，企业需要迅速响应市场需求和环境变化。模型驱动使企业能够基于实时数据和历史模式，预测未来趋势并调整运营策略。这种预测能力不仅帮助企业优化内部资源配置，还能根据客户需求快速调整产品和服务，提供个性化的解决方案，从而增强企业在市场中的竞争力。例如，运筹优化在供应链网络设计中能够有效预测需求波动，帮助企业快速调整物流、库存等运营策略，以应对市场的不确定性。

（3）可重复性和标准化。通过建立和使用统一的数学模型，企业可以减少人为操作中的误差，并提升决策的可重复性。特别是在高度复杂的生产和运营环境中，标准化的决策流程有助于保持一致性和稳定性。例如，通过运筹优化模型，企业可以确保在不同场景下始终遵循最佳的生产排程策略，无须依赖个人经验或直觉，从而降低决策的不可控风险。

2. 模型驱动的缺点

模型驱动的缺点包括以下 3 点。

（1）建模依赖经验且成本较高。模型驱动通常需要依靠具备高水平运筹学和优化算法知识的专家来建立和维护复杂的数学模型。由于模型的构建高度依赖专家的经验和知识,这使得企业在引入模型驱动时必须投入大量技术资源和人力成本。特别是在中小企业中,缺乏相应的技术储备和专家团队,可能会使模型的构建和优化变得更加困难,提高了实施的技术门槛和成本。

(2)难以快速适应动态环境变化。尽管在建模阶段,企业可能通过复杂的数学方法获得较为精确的优化模型,但在实际应用中,企业环境往往处于不断变化之中。当市场需求、供应链状况或外部环境发生变化时,原有的模型可能无法适应这些变化,必须不断进行调整。这需要企业在后期不断对模型进行维护和优化,以应对动态变化,增加了后期的调整和维护成本。此外,企业如果缺乏灵活的机制来快速更新模型,将很难有效应对市场中的不确定性和突发事件。

(3)应用领域有限。模型驱动主要适用于有明确规则和约束条件的场景,对于那些高度不确定、快速变化的领域,模型的有效性往往受到限制。例如,在充满不确定性的市场环境下,传统的优化模型可能难以应对突发事件和动态变化,需要更灵活、更具适应性的决策方法。而这种灵活性,往往是当前模型驱动所无法完全提供的。

6.5　模型驱动阶段案例

6.5.1　案例1:半导体产业的 APS 生产排程应用

1. 案例背景

在全球半导体产业面临剧烈变化的背景下,国内以原厂委托制造(original equipment manufacture, OEM)为主的半导体企业遭遇了需求预测失准和供需波动的问题。这些挑战使得企业在制定经营策略时变得复杂且不确定。根据世界半导体贸易统计组织(World Semiconductor Trade Statistics, WSTS)的预测,虽然 2023 年全球半导体市场普遍低迷,但 2024 年市场逐渐回暖,并预计在 2025 年持续增长。然而,这种不稳定的市场环境迫使企业运营团队需要更灵活、高效的工具来支持决策。

对于半导体企业来说，从接到需求订单到制订生产计划需要经过多个步骤。首先，根据客户订单或市场预测制定主需求计划（master demand schedule，MDS），然后汇总整理为主生产计划。在此过程中，需要对订单进行评估，以确定优先生产的订单，并设定生产参数，包括资源配置、产能限制和时间节点等。订单评核后，企业需要进行产能负荷评估和订单交期评估，以确保生产能力和交付时间。最后，在这些评估完成后，企业将制订出周度或月度的生产计划，并进一步细化为每日的生产任务和产量安排，以确保生产过程的有序进行和客户需求的及时满足（见图 6-5）。

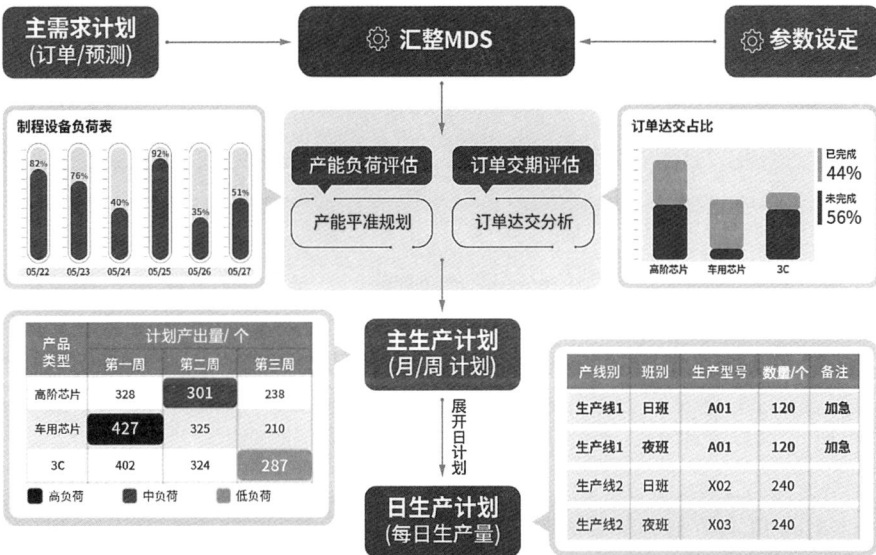

图 6-5　生产计划制订流程

在这一过程中，订单评核显得尤为重要。市场需求的波动对生产计划的影响不可忽视。当市场需求突然增加时，大量急单涌入，企业必须迅速评估每个订单的优先级，以确保资源能够有效分配，并避免生产瓶颈。同时，需要优化设备的停线和保修计划，以最大限度地利用关键产能，降低因需求激增带来的运营成本。相反，当市场需求骤降时，企业则面临减少生产和降低运营成本的挑战。此时,订单评核帮助企业在资源有限的情况下,调整生产计划,优化设备停线和保修策略,减少不必要的运营开支。因而,订单评核是当前半导体行业必须面对的棘手挑战。

2. 解决方案及成效

某高端半导体制造商采用了高级计划与排程(advanced planning and scheduling, APS)系统来优化订单评估。该系统结合了启发式方法、混合模式及其他优化算法。利用该系统进行订单评核的流程如图 6-6 所示。

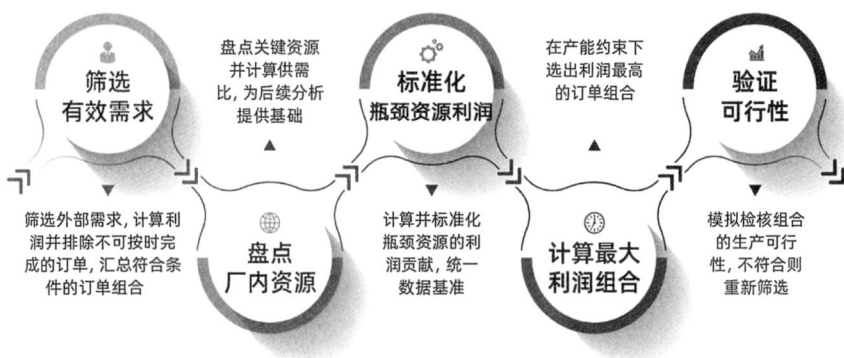

图 6-6 订单评核流程

(1)当期有效需求筛选。整理外部需求数据,计算当期已实现利润与符合利润的期间订单,排除无法按时完成的订单,汇总出投产标的订单投产组合。

(2)厂内资源盘点。整理工厂内部资源数据,将当期关键资源(如关键设备配置、生产过程中的升降温时间和原材料到货时间等)初始化,再计算本期关键资源需求量以及供需比率进行排序。这两个步骤主要涉及数据的收集与预处理工作,为后续的分析奠定基础。

(3)瓶颈资源单位利润标准化。计算本期利润的贡献金额与关键资源的利润贡献额,为下一个阶段的前置作业。此步骤进行数据标准化处理,以确保不同数据源之间的可比性,为下一步的优化计算提供统一的基准。

（4）有限产能计算最大利润需求组合。在瓶颈资源的约束下，利用算法进行模型求解，选出利润贡献额最大的投产标，锁定并累积利润，计算出利润最大的产品组合。

（5）检核生产落地可行性。以模拟方法检核产品组合的可实现性，若不符合则重新进行投产标的筛选。

这一过程帮助企业快速生成最佳生产排程方案，提高了利润并确保了准时交货。

应用 APS 系统后，该半导体企业的订单评核机制得到显著优化。优化后的订单评核机制，可以提供更佳的投单组合（profile），利润绩效提升了 31％。同时可以预估不同投单组合下的机台产能利用率作为设备保养规划的基础，在关键工艺的设备稼动率提升 12％；并且实现批货准交率提升了 29％。此外，企业还实现了 APS 系统与现有制造执行系统（MES）、物料搬运控制系统及自动化无人搬运装置的无缝集成，打造了全自动化智能工厂。

APS 系统在企业运营规划、工厂排产和车间管理中发挥了关键作用，通过全方位计划管理和实时数据可视化，提高了生产效率和响应能力（见图 6 - 7）。

尽管 APS 系统已显著提升了生产效率和订单管理能力，但仍面临一些挑战：① 在市场需求剧烈波动时，系统的响应速度和准确性尚需进一步优化，短时间内处理大规模数据时，系统可能因负载过重导致调整延迟，从而影响生产计划的及时性；② 面对复杂的生产环境时，尽管 APS 系统具备较高的集成性，其灵活性和适应能力仍有提升空间。

为应对这些挑战，企业需要优化系统算法，提升数据处理效率，并探索更先进的技术手段，以增强系统在动态市场环境中的稳定性与响应能力。然而，将企业管理的复杂知识与经验转化为可操作的数学模型仍存在显著困难，这也导致模型驱动阶段的优化效益多集中于局部场景。模型驱动的这一局限性进一步凸显了下一阶段——数据驱动——在应对复杂性与不确定性方面的重要性。

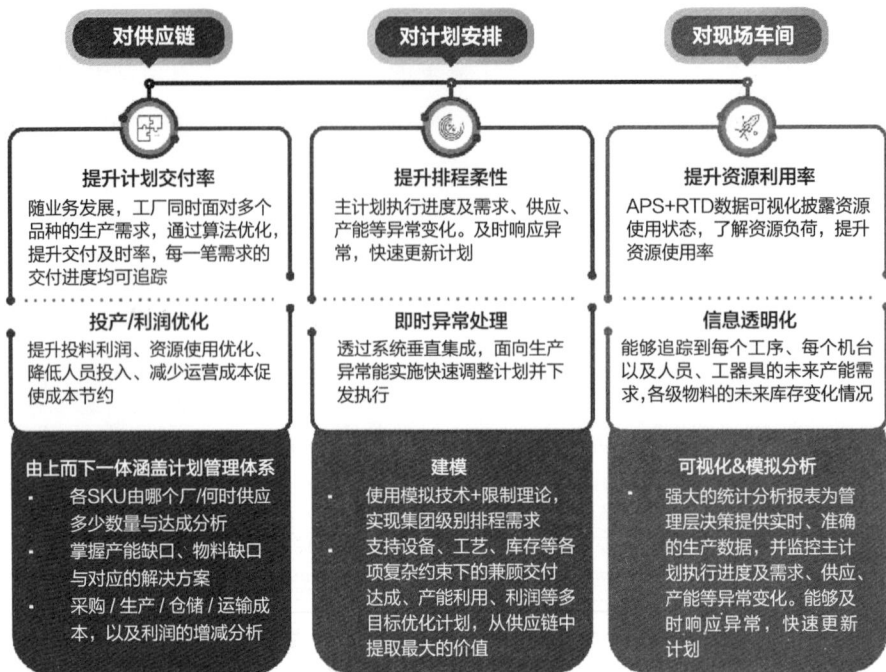

对供应链	对计划安排	对现场车间
提升计划交付率 随业务发展,工厂同时面对多个品种的生产需求,通过算法优化,提升交付及时率,每一笔需求的交付进度均可追踪	**提升排程柔性** 主计划执行进度及需求、供应、产能等异常变化。及时响应异常,快速更新计划	**提升资源利用率** APS+RTD数据可视化披露资源使用状态,了解资源负荷,提升资源使用率
投产/利润优化 提升投料利润、资源使用优化、降低人员投入、减少运营成本促使成本节约	**即时异常处理** 透过系统垂直集成,面向生产异常能实施快速调整计划并下发执行	**信息透明化** 能够追踪到每个工序、每个机台以及人员、工器具的未来产能需求,各级物料的未来库存变化情况
由上而下一体涵盖计划管理体系 • 各SKU由哪个厂/何时供应多少数量与达成分析 • 掌握产能缺口、物料缺口与对应的解决方案 • 采购/生产/仓储/运输成本,以及利润的增减分析	**建模** • 使用模拟技术+限制理论,实现集团级别排程需求,支持设备、工艺、库存等各项复杂约束下的兼顾交付达成、产能利用、利润等多目标优化计划,从供应链中提取最大的价值	**可视化&模拟分析** • 强大的统计分析报表为管理层决策提供实时、准确的生产数据,并监控主计划执行进度及需求、供应、产能等异常变化。能够及时响应异常,快速更新计划

RTD—实时派工(real time dispatch)。

图 6-7 APS 系统显著提升生产效率和排产能力

6.5.2 案例 2:美国大陆航空公司在"9·11"事件后的航班快速恢复[45]

1. 案例背景

2001 年之前,美国商业航班每天有 15%～20% 的航班会延误超过 15 分钟,1%～3% 的航班被取消。2000 年,美国航空公司超过四分之一的航班遭遇延误、取消或航线变更,影响了约 1.63 亿乘客。航空公司在日常运营中使用高度精密的计划系统和自动化工具,使资源利用率和收入最大化,但这也使航班时刻表在突发情况下变得脆弱。恶劣天气、机械问题、空中交通管制和地面延误等都会干扰航班运行。此外,机组人员缺勤或飞机更换等情况也会引发连锁效应,导致更大范围的航班延误和取消,从而增加运营损失。

美国大陆航空公司作为美国主要航空公司之一，每年运营超过 2 000 次航班，飞往 123 个国内和 93 个国际目的地。其系统操作控制中心位于美国得克萨斯州休斯敦，负责实时监控航班调度、飞机路线、维护和客户服务等核心业务，以迅速调整因突发情况而受影响的航班计划。1993 年，"世纪风暴"导致大规模航班中断后，美国大陆航空公司意识到有必要通过系统性优化提高恢复效率。为此，他们与 CALEB Technologies 合作开发了 CrewSolver 和 OpsSolver 系统。CrewSolver 专注于机组调度恢复，而 OpsSolver 则负责航班和飞机调度的优化。两者相互配合，使美国大陆航空公司得以高效、灵活地应对运营中断。

2001 年，"9·11"事件导致美国空域被全面关闭数日，航班大规模取消、延误，给航空公司带来巨大的调度和运营压力。面对这一突发事件，美国大陆航空公司需要在重启运营后迅速恢复航班调度，以减少对旅客出行和公司运营的负面影响。此时，以 CrewSolver 为核心的这套调度系统成为其应对挑战的主要工具。

2. 解决方案及成效

美国大陆航空公司在"9·11"事件中的恢复能力很大程度上得益于 CrewSolver 系统的核心功能。该系统结合实时数据整合、子问题分解、多目标优化和快速反馈等功能，在多重约束条件下生成高效的调度恢复方案。此外，CrewSolver 与 OpsSolver 系统的配合，为恢复航班调度和机组分配提供了高效、完整的解决方案。具体操作如下。

1) 实时数据整合与快速响应

系统通过实时数据整合功能，获取并更新包括航班状态、机组人员位置与可用性等动态信息。在空域关闭重新开放后，美国大陆航空公司借助这一系统快速输入新情况，实时跟踪机组人员的可用性并生成最优的恢复方案。

2) 子问题分解和组合优化

系统采用子问题分解与组合优化技术，将复杂的机组调度问题分解成多个子问题，各自求解局部最优后再组合成整体方案。此方法在应对航班大规模取消或延误的场景中尤为有效。对于"9·11"事件后大量被迫滞留的航班,系统快速调整了机组分配,将剩余的可用机组人员高效地分配到重新安排的航班上,显著提高了资源利用效率。

3) 多目标优化

系统具备多目标优化能力,在生成调度方案时不仅考虑法规约束,如飞行时长和休息时间,还综合评估了调度的成本、机组成员疲劳度和延误损失等多重目标。这使得系统能够提供既符合运营需求又保障人员健康的平衡方案。在"9·11"事件的恢复过程中,系统依据这些因素平衡工作负荷,确保调度方案既满足运营效率,也兼顾人员的健康和安全。

4) 高效的方案生成与反馈机制

系统的高效反馈机制得以在数分钟内完成恢复方案的生成,并根据实时变化自动调整。这种快速响应使得美国大陆航空公司在空域开放后能够迅速部署航班,恢复了相较于其他公司更高比例的航班数量,显著减少了因航班取消导致的财务损失和乘客的不便。与传统的手动方式相比,该系统为美国大陆航空公司在重大事件中的恢复能力带来了跨越式提升。

通过 CrewSolver 系统,美国大陆航空公司在"9·11"事件期间的航班恢复效率远超其他公司,仅用不到 17 分钟便生成了涵盖 1 600 多个航班配对的恢复方案。在整个 9 月份,系统调整了 5 866 个航班配对,涉及 11 921 名机组成员,帮助美国大陆航空公司保持了 81.2% 的航班完成率,而同期的其他美国航空公司航班延误和取消数量较多。这一成功案例展示了模型驱动阶段运筹优化工具在应对复杂调度问题时的强大能力,为企业高效管理突发事件和资源调度提供了有力支持。

然而,在"9·11"事件的极端情况下,系统也暴露出一些不足。例如,最初系统只能加载 7 天的数据,未能充分满足持续恢复需求,优化服务器需要进一步扩展数据窗口以应对动态变化。此外,部分调度需求未能全面覆盖,需要根据现场情况生成局部解决方案,为后续调整争取时间。这体现了当前模型驱动阶段在完全自动化响应方面的局限性。

　　整体来看，CrewSolver 系统成功展现了模型驱动工具在优化复杂任务中的强大效能，但同时也反映了模型驱动阶段在应对动态、不确定环境时的不足。局部优化的方式难以满足企业在灵活性和全局性上的更高要求。为应对这一挑战，企业亟须在模型驱动基础上，进一步发展更具实时性、动态性和智能化的数据驱动能力，全面提升在复杂环境下的响应力与适应力。

7

数智驱动 Level 3：数据驱动

7.1 数据驱动的概念

数据驱动(data driven)是指企业通过数据收集与分析，结合大数据技术和弱人工智能，在决策制定和业务优化中提取有价值的信息并实施行动的过程。在这一模式下，企业不仅依赖数据来实时感知市场变化和运营动态，还通过大数据技术高效处理海量信息，识别隐藏的模式和趋势。弱人工智能则通过机器学习算法和预测模型，进一步增强数据的分析深度，帮助企业进行复杂的决策支持和业务优化。数据驱动的核心在于提升企业在 SUPA 循环中感知、理解、规划、执行环节的智能化水平，从而推动企业在竞争激烈的市场中保持敏捷和优势。

数据驱动的兴起，不仅源于数据的广泛应用，更依赖于大数据技术的飞速发展和弱人工智能的深度融合。大数据技术的进步使得企业能够高效处理和存储海量数据，而弱人工智能则通过机器学习与预测模型，将这些数据转化为洞察与行动，从而推动了数据驱动管理模式的全面转型。

7.2　大数据：转变的催化剂

大数据（big data）时代的到来，推动企业的管理模式向数据驱动转变。与先有流程后有数据的流程驱动不同，大数据时代的数据来源和形式更加广泛。在这一背景下，数据不仅是信息的简单集合，而且是一种新型的经济资产。技术的飞速发展，更是极大地提升了数据的生产力，使其成为推动企业创新和增强竞争力的关键因素。

本节将详细探讨大数据是如何作为转变催化剂，推动企业从流程驱动和模型驱动，转向以数据为核心的管理模式的。我们将分析大数据在这一转型过程中的关键作用，并探讨其对企业战略、运营优化和决策支持的深远影响。

1. 大数据的兴起

随着互联网和智能设备的普及，数据量呈爆炸式增长。从个人日常活动到企业运营，数据在各个层面不断累积。社交媒体、在线购物等平台的广泛使用，使得用户行为数据、交易记录、交互信息等数据以前所未有的速度累积。同时，物联网技术的发展使得各种设备和传感器能够实时收集和传输数据，进一步加剧了数据量的增长（见图 7-1）。在流程驱动转型后，企业管理更加依赖于 CRM、ERP 等信息系统，这些系统在帮助企业高效运作的同时，也在持续产生大量的业务数据。此外，随着工业 4.0 的推进，智能制造、供应链管理等环节也在产生大量的机器数据和日志信息。这些数据不仅包括结构化数据，如数据库中的交易记录，还包括非结构化数据，如电子邮件、文档、图片和视频等。这些海量数据的快速增加，不仅为深度分析和行业创新提供了前所未有的机遇，也正在重塑我们的认知，推动社会进入全新的信息时代。

技术革新为大数据的产生和应用提供了强有力的支撑。信息基础设施的持续完善，尤其是网络带宽的显著增加和存储设备性价比的不断提

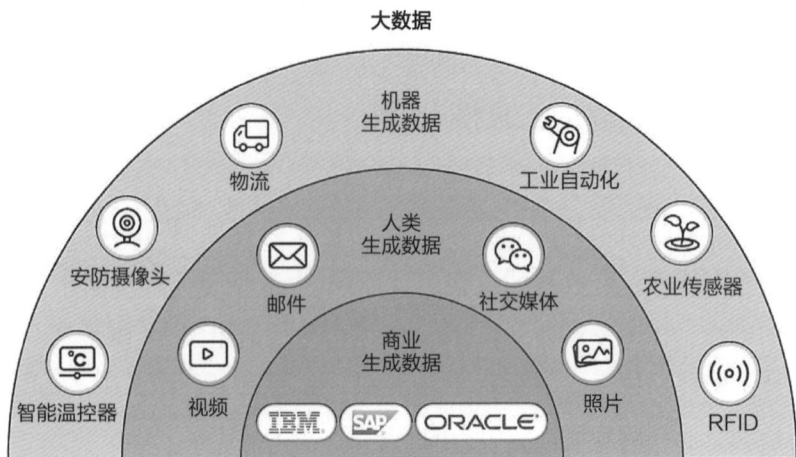

图 7-1　大数据时代的数据来源

升，为大数据的存储和传播奠定了坚实的基础。云计算技术的发展，使得数据的存储和处理能力得到了极大的提升。通过将数据集中存储在云端，不仅可以实现数据的高效管理和安全保护，还可以通过分布式计算技术，快速处理和分析大规模数据集。此外，大数据相关的分析工具和算法也在不断进步，使得我们能够从海量数据中提取有价值的信息，发现潜在的规律和趋势。机器学习、人工智能等技术的融合，进一步增强了大数据的分析能力，扩大了应用范围。技术的进步，不仅推动了大数据产业的发展，也为各行各业的创新提供了新的动力。

社会发展的需求是大数据现象产生的内在驱动力。在经济全球化和信息化的背景下，企业和政府面临着日益复杂的决策环境，需要更科学的手段支持资源优化与精准决策。互联网领域的公司率先认识到数据资产的商业价值，通过大数据技术提高了市场预测的准确性和资源配置的效率。在公共服务领域，大数据技术则被用来优化服务质量和提高响应速度，满足公众需求。例如，智能交通管理通过实时分析道路数据，大幅提高了城市交通的运行效率。社会发展的多元需求推动了大数据技术的应用与进步，同时也为相关产业创造了广阔的市场空间，使大数据成为推动社会创新与经济增长的重要力量。

2. 大数据的概念与特征

2011 年 5 月，麦肯锡咨询公司在其研究报告《大数据：下一个创新、竞争和生产力的前沿》中首次系统性提出了大数据的概念[46]。这份报告深入分析了大数据在未来经济、社会发展中的潜在影响，标志着大数据时代的正式来临。自此，大数据一词迅速超越学术领域，成为社会大众广泛关注的热点话题。

麦肯锡咨询公司将大数据定义为一种规模庞大到在获取、存储、管理和分析方面远远超出传统数据库软件工具能力范围的数据集合。同时，研究者从规模、速度、多样性、真实性和价值五个方面（即"5V"特征）对大数据进行了系统概括，进一步明确了大数据在技术和应用上的独特性[47]（见图 7-2）。

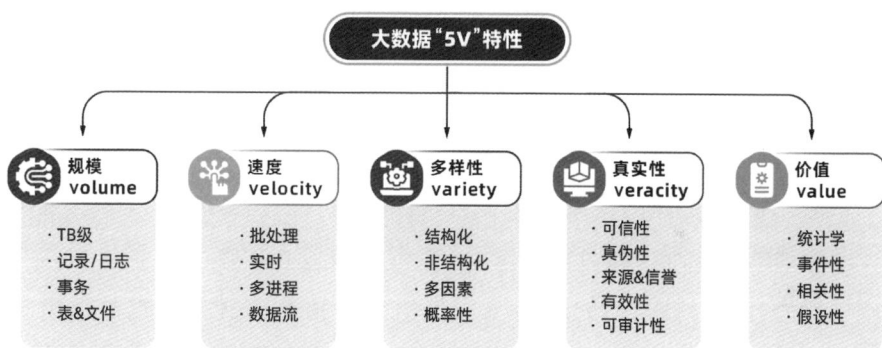

来源：艾瑞咨询研究院根据公开资料整理

图 7-2　大数据的"5V"特征[48]

（1）规模（volume）。大数据的规模是其最显著的特征，主要体现在数据量级从 TB（太字节）到 PB（拍字节）甚至存在更高的增长趋势。这种庞大的数据体量，对数据存储、管理和处理提出了前所未有的挑战。

（2）速度（velocity）。速度强调数据生成和处理的实时性。在实时分析和决策需求的推动下，数据需要被快速地捕捉、存储、分析和应用。这要求大数据技术能够支持高速数据流的实时处理。

（3）多样性（variety）。大数据的多样性体现在数据类型的广泛性上。

传统数据分析往往关注结构化数据,而大数据不仅包括结构化数据,还涵盖了半结构化和非结构化数据,如文本、图片、视频、日志文件等。这种多样性要求相关人员使用更为复杂的处理方法来提取其价值。

(4)真实性(veracity)。真实性关注的是数据的质量。在大量数据中,可能包含错误、遗漏或偏差,这些都会影响分析结果的准确性。因此,确保数据的真实性和可信度是大数据应用的关键。

(5)价值(value)。价值是指大数据中蕴含的商业价值。虽然数据量大,但并非所有数据都有用。从海量数据中提取有价值的信息,将其转化为知识、洞察力和决策支持,是大数据的核心目标。

这五大特征同样构成了大数据分析的基础[49],它们不仅定义了大数据的范畴,还为技术发展指明了方向。例如,通过精准分析海量数据,大数据技术在金融、医疗和零售分析等领域展现出独特价值。

3. 大数据推动企业向数据驱动转型

在数据驱动的转型过程中,大数据不仅提供了丰富的数据源,还为企业的决策和运营优化提供了新的思路和方法。

近几年,大数据的应用成果显著,为企业转型提供了动力,成为推动行业变革的催化剂。在金融领域,一些银行通过大数据分析客户行为与市场趋势,优化风险评估模型,从而提供更加精准的贷款审批与投资建议。通过实时监控和分析客户数据,这些银行能够迅速识别潜在风险并及时做出调整,显著提高了决策的科学性和准确性。在物流行业,青岛啤酒股份有限公司通过大数据分析优化物流运输管理,实现了供应链的高效运作和可持续发展。此外,一些企业建立了大数据管理平台,使得大数据在企业发展中的作用更加显著。例如,华为 FusionInsight 大数据平台在金融、能源、医疗、制造等领域得到广泛应用,通过其强大的数据处理和分析能力,帮助企业实现数据驱动的决策和运营优化。

大数据在推动企业转型过程中,作为关键催化剂,不仅提升了技术层面的分析和处理能力,更在战略层面促进了优化升级。随着国家《"十四五"大数据产业发展规划》的发布和相关政策的实施,企业将在更坚实的基础上，利用大数据加速其向数据驱动模式的转型，迈入全新的运营时代。

7.3 弱人工智能：智能分析的辅助引擎

大数据成为企业转型的关键催化剂，数据的价值得到了充分的挖掘。然而，单纯的数据累积并不足以为企业提供深度洞察，智能化的数据分析成为进一步提升决策效率的关键环节。在这一背景下，弱人工智能应运而生，作为智能分析的核心技术，它通过自动化的数据处理与分析能力，帮助企业更精准、更高效地利用大数据资源。

人工智能的研究和应用可以追溯到 20 世纪中叶，但直到 1956 年的达特茅斯会议，这个领域才正式被命名为"人工智能"。在这次会议上，以约翰·麦卡锡（John McCarthy）和马文·明斯基（Marvin Minsky）等为首的杰出科学家们首次系统地探讨了如何让机器模拟人类的学习过程，这标志着人工智能作为一个独立学科的诞生。从那时起，人工智能经历了多次发展浪潮，包括早期的逻辑编程、专家系统，到后来的机器学习和深度学习。

人们对人工智能的发展轨迹的普遍认知如图 7-3 所示，其演进路径可划分为 3 个重要阶段。其中，弱人工智能或称狭义人工智能（artificial narrow intelligence，ANI），是当前技术最成熟、应用最广泛的。这类人工智能系统在特定任务领域表现出色，如棋类博弈、面部识别、语音交互、自动驾驶等场景。然而，与人类智能相比，弱人工智能更像是一个"智商偏科、情商为零"的专才，缺乏跨领域的认知迁移能力和自我意识。随着技术体系的持续重构与进化，人工智能将迈向强人工智能（strong AI/artificial general intelligence，AGI）阶段。这一阶段的人工智能将突破单一任务的局限，具备跨领域的认知能力和自主学习能力，能够像人类一样理解复杂问题，开展批判性思考，甚至具备情感认知。尽管 AGI 尚未实现,但其潜在的技术突破必将带来深远的技术和社会变革。在更远的未来,人工智能的发展或将迎来量子革命,推动超人工智能(super artificial intelligence, super AI)的实现。这种超越人类智慧的存在,不仅在智商上远超人类,更可能具备更高维度的思维能力。当前,超人工智能依然处于理论探索阶段,但其潜在的技术突破已引发了人们对伦理和安全的深入思考。

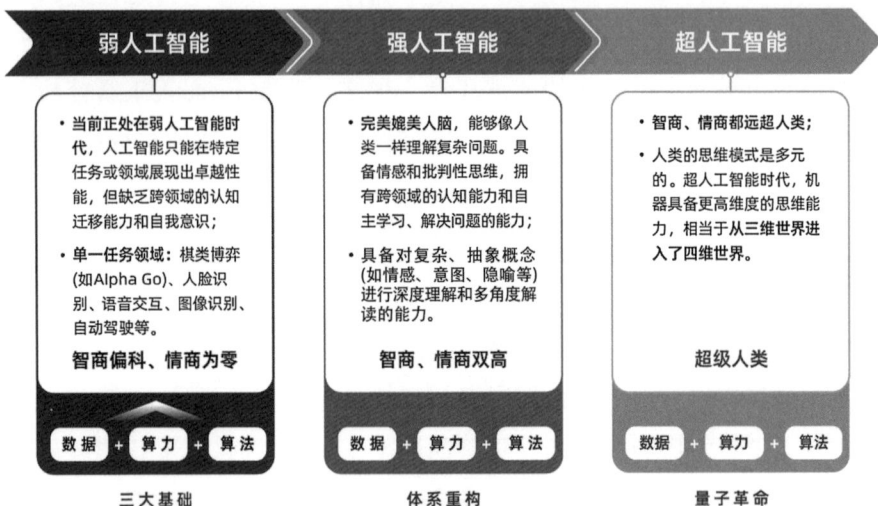

图 7-3 人工智能的发展与特征

在商业应用中,弱人工智能的智能分析能力尤其突出,广泛应用于客户行为预测、市场趋势分析和供应链优化等方面。弱人工智能可以处理和分析海量数据,快速识别模式并做出精准的预测,显著提升企业的数据洞察力和决策效率。例如,零售企业利用弱人工智能进行客户消费习惯的分析,能够精准为其推荐个性化产品;金融机构则通过弱人工智能预测市场波动,优化投资组合。这些应用场景展示了弱人工智能在商业领域中作为"智能分析引擎"的重要作用,极大地推动了企业的数据驱动转型。

人工智能的实现依赖于数据、算法和算力三大基础。数据是训练机器学习模型的基础，提供了系统学习和改进所需的信息；算法是机器学习模型的核心，定义了如何从数据中提取特征、如何进行预测和决策；算力则是执行这些算法所需的计算资源，随着硬件技术进步，更复杂的模型和大规模数据集的处理成为可能。

在这三大基础上，机器学习（machine learning）成为弱人工智能的核心实现手段。机器学习方法和策略包括强化学习、深度学习、迁移学习和传统机器学习等，支持弱人工智能在不同场景中展现出强大的数据处理和模式识别能力（见图 7-4）。尤其是深度学习，通过多层神经网络处理复杂模式，广泛应用于视觉识别、语音识别和自然语言处理等领域。

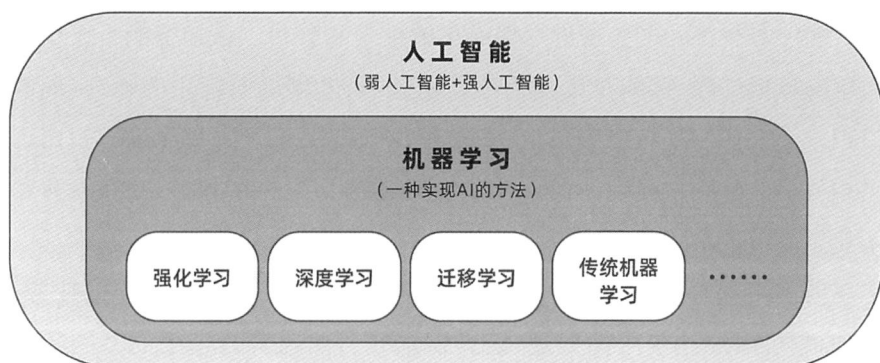

图 7-4　人工智能的技术基础

7.4　数据驱动阶段的 SUPA 特征

在数据驱动阶段，大数据和弱人工智能赋能 SUPA 模型的各个环节，带来了显著的数智提升。尤其是在感知和理解环节，智能技术的应用极大提高了数据处理的效率和精度，而在规划环节和执行环节，它们也为决策制定和执行提供了更精准和动态的支持。

1) 感知环节的数智提升

企业利用大数据技术收集和存储来自多个渠道的海量信息,如市场趋势、客户反馈和内部流程数据。这些数据的集合为企业提供了一个全面的市场和内部运作视图,为后续的分析和决策打下了基础。同时,弱人工智能的感知智能(perceptual intelligence)通过计算机视觉和语音识别技术提高了数据收集的效率和准确性。计算机视觉能够有效地进行图像分类和人脸识别,语音识别技术则能够解析音频数据。这一阶段的重点在于通过感知技术获取丰富而可靠的数据,为后续的理解环节提供了丰富的分析素材,帮助企业更深入地理解市场和运营动态。

2) 理解环节的数智提升

这一环节则主要是认知智能(cognitive intelligence)的介入,它使得系统能够对收集到的数据进行深层次的推理和分析。认知智能不仅仅是简单的数据处理,它涉及更复杂的知识获取、处理以及应用的能力,能够模拟人类大脑的高级思维技能,如推理、理解、问题解决和规划。相比于感知智能的基础数据处理,认知智能能够处理更复杂的任务,并在商业和工业领域展现出广泛的应用。

值得注意的是,弱人工智能的认知智能通常集中于单一模态的任务。例如,它可以专注于图像处理、语音识别或自然语言处理中的某一项任务,但无法同时跨多个模态进行处理。也就是说,弱人工智能擅长在特定领域内表现卓越,但尚未达到能够整合多种感知和认知能力的水平。

推荐算法是认知智能在商业应用中的典型技术之一。通过分析用户行为数据,推荐系统能够推断用户的偏好,并在电商平台上实现个性化推荐,从而提高转化率和客户满意度。强化学习技术则在自动化决策系统中发挥了巨大作用,特别是在供应链优化、自动驾驶以及机器人控制等领域。

此外,在图像分类任务中,深度神经网络通过逐层分析,将复杂的图像识别问题分解为更易于管理的子问题,展示了基础的认知推理能力。网络的每一层都在提取图像的不同特征,从简单的边缘和纹理到复杂的图案和对象部分,这种层次化的特征提取过程实际上是对图像内容的一种基础理解。

自然语言处理(NLP)技术的应用也体现了认知智能的强大潜力。NLP不仅能够解析语言结构,识别关键词和概念,还能够理解语言的语境和情感色彩,甚至可以进行对话管理和问答交互。这些能力使得机器在处理语言数据时,不再局限于表面的文本信息,而是能够深入理解语言背后的含义和目的,在客服自动化、智能助理等领域展现出强大的应用潜力。

3) 规划环节的数智提升

在这一环节,企业将通过前两个阶段收集和分析的数据转化为具体的行动计划。大数据和弱人工智能的结合为这一过程提供了强大的支持。大数据提供了丰富的背景信息和历史案例,使企业能够在制定计划时考虑到各种可能的场景。通过分析历史数据,企业能够识别成功和失败的模式,从而在新的市场条件下制定出更周密的策略。

在此环节中,机器学习算法的作用尤为重要。企业利用弱人工智能结合大数据,常用的预测工具包括时间序列分析、回归模型、决策树等,它们能够通过模式识别和历史数据的分析来预测未来市场的波动。这些算法帮助企业更精准地进行资源配置和风险管理。例如,零售行业可以通过时间序列分析预测未来销售趋势,结合回归模型优化库存管理;决策树模型则可用于客户分类与市场细分,以更好地制订产品营销和投放计划。

弱人工智能在此环节中扮演着策略顾问的角色,它通过高级分析和模拟技术,帮助企业评估不同决策路径的潜在结果。利用机器学习算法,企业能够预测市场动向和消费者行为,从而在产品开发、市场定位和营销策略上做出更精准的规划。

4) 执行环节的数智提升

执行环节中的智能提升通过自动化执行技术得以体现。机器人流程自动化(robotic process automation, RPA)和区块链中的智能合约是这一环节的典型应用,它们通过预设的规则和算法,实现了在数据处理后自动执行相应任务的能力。

RPA 主要体现在跨系统的自动执行，如数据输入、报表生成、系统集成等操作。例如，保险公司需要处理大量的保单申请，传统方式下，这些申请通常需要人工录入数据和核对信息，既耗时又容易出错。引入 RPA后，系统能够自动从电子邮件中提取申请信息，直接将数据录入内部系统，并实时进行自动校验。这一过程大幅缩短了处理时间，并有效降低了人工操作的出错率。

智能合约则能够在区块链平台上自动执行复杂的交易和合同条款，确保任务执行的高效性和准确性。例如，在国际贸易中，智能合约可以自动管理供应链的多个环节。当货物从供应商发出，货运公司通过传感器或区块链上的数据验证货物的交付情况后，智能合约会自动执行付款流程。所有步骤均由智能合约根据预设条件触发，确保付款和交付的高效进行，同时降低了人为错误和欺诈的可能性。这种自动化的执行方式，显著提高了国际贸易流程中的效率和透明度。

实际上，RPA 和智能合约都体现了 SUPA 模型的完整循环。RPA 在感知和理解环节尤为突出，通过感知智能自动提取和处理数据，并依赖简单的认知智能完成重复性操作。这些功能减少了人为干预，并显著提升了数据收集和处理效率。智能合约则更多应用在规划和执行环节，依靠预设规则和区块链技术自动执行复杂任务，确保操作的准确性和一致性（见图 7-5）。

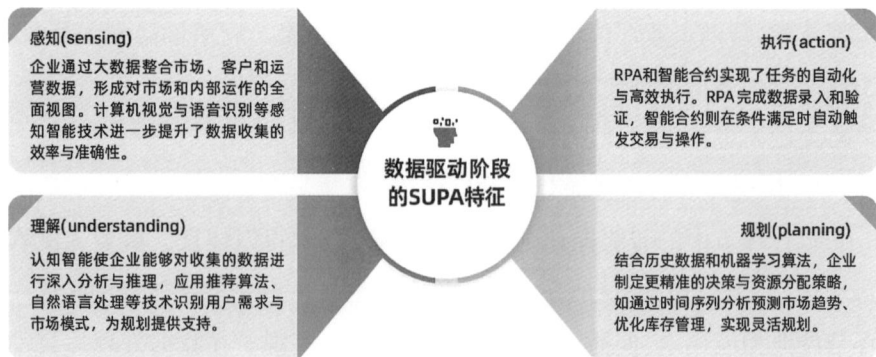

感知(sensing)
企业通过大数据整合市场、客户和运营数据，形成对市场和内部运作的全面视图。计算机视觉与语音识别等感知智能技术进一步提升了数据收集的效率与准确性。

执行(action)
RPA和智能合约实现了任务的自动化与高效执行。RPA 完成数据录入和验证，智能合约则在条件满足时自动触发交易与操作。

理解(understanding)
认知智能使企业能够对收集的数据进行深入分析与推理，应用推荐算法、自然语言处理等技术识别用户需求与市场模式，为规划提供支持。

规划(planning)
结合历史数据和机器学习算法，企业制定更精准的决策与资源分配策略，如通过时间序列分析预测市场趋势、优化库存管理，实现灵活规划。

数据驱动阶段的SUPA特征

图 7-5　数据驱动阶段的 SUPA 特征

总的来说，数据驱动阶段通过大数据和弱人工智能的结合，在 SUPA 模型的各个环节展现了显著的数智提升。感知环节的数据感知为理解环节的深入分析奠定了基础，而理解环节的认知推理能力则帮助企业在规划环节制定更加智能和精准的策略，在执行环节，RPA 和智能合约等技术实现了行动的自动化执行，进一步提升了企业运营的效率和响应能力。通过这一循环，企业能够在复杂多变的市场环境中保持敏捷性与竞争力。

7.5 数据驱动的优缺点

在模型驱动阶段，企业需要依赖复杂的数学模型和优化算法进行决策，而数据驱动阶段则通过对大数据的分析来发现规律，支持决策。数据驱动阶段无须依赖传统的数学建模过程，企业只要获取足够的数据，就能够进行有效的决策建模。这一特点是数据驱动相较于模型驱动的显著优势。

1. 数据驱动的优点

数据驱动的优点包括以下 3 点。

（1）简化建模过程。与模型驱动阶段依赖运筹学和优化算法的数学模型不同，数据驱动阶段的关键在于数据本身。企业通过对大数据的采集和分析，可以直接挖掘出潜在规律，而不必事先构建复杂的数学模型。这使得企业能快速进行多维度分析和决策，大大降低了技术门槛和时间成本。例如，在营销策略的优化中，数据驱动能够通过客户行为数据、市场反馈等数据源直接进行分析，优化决策，无须再构建复杂的预测模型。

（2）灵活适应市场变化与快速迭代。数据驱动决策基于实时数据流，能够快速调整和优化决策，以应对市场和环境的动态变化。这种灵活性使得企业能够实时分析数据，快速响应需求波动或市场变化，优化运营策略。例如，在库存管理中，数据驱动能够根据实时销售数据自动调整库存策略。相比之下，模型驱动阶段的决策优化通常需要更长的时间进行建模、优化和验证,无法及时适应变化。

(3) 效率提升。数据驱动通过快速处理海量数据,显著提高了工作效率和决策精准性。数据驱动的企业能够通过企业运营数据(如产品生产成本、营销成本等)和竞争力评价发现技术创新机会并进行决策,以确定其是否是可利用的机会[50],从而迅速响应市场变化,优化产品和服务,增强竞争力。麻省理工学院管理学院的经济学家埃里克·布林约尔弗森(Erik Brynjolfsson)和其他两名同事于2011年研究了179家大型企业,发现那些正在使用"基于数据的决策方式"的企业所获得的利润比其他企业高出了5~6个百分点[51]。

2. 数据驱动的缺点

数据驱动的缺点包括以下3点。

(1) 数据质量依赖性强。数据驱动决策的质量高度依赖数据的准确性、完整性和时效性。若数据存在噪声、缺失或偏差,可能导致做出错误的决策,甚至对企业产生负面影响。

(2) 成本与资源挑战。尽管数据驱动的建模过程不需要依赖传统的数学模型,但大数据分析和机器学习算法的复杂性依然要求企业具备一定的数据处理能力和技术支持。企业需要投入资源进行数据清洗、分析和建模,这对于没有足够数据分析能力的企业来说,可能是一个挑战。

(3) 流程依赖与局部优化。尽管数据驱动能够带来许多效率提升,但系统依旧依赖预设的流程和规则。与数智驱动阶段的全面智能化相比,数据驱动更多聚焦在局部流程的优化,特别是在规划环节的改进。即便数据和分析工具不断增强,企业仍受限于传统流程的框架和规则,无法实现全局的自适应与灵活响应。

相比于模型驱动阶段,数据驱动阶段在提升决策灵活性和效率方面具有显著优势,尤其是基于实时数据流和简化的建模过程,企业能更快速地响应市场变化。然而,这一阶段依赖数据的质量和企业的数据处理能力,企业必须确保数据的准确性和完整性,并提升技术支持。

虽然数据驱动已实现流程的快速优化，但它仍然依赖预设的流程和规则，未能完全突破局部优化的局限。这与前几个阶段相比，本质上并无根本性突破。因此，企业需要迈向更加全面、智能化的数智驱动阶段，以实现全方位的自动化决策和高度灵活的运营管理。

7.6 数据驱动阶段案例

7.6.1 案例 1：焊接设备工艺参数采集与大数据分析应用

1. 案例背景

上海通用电焊机股份有限公司（以下简称通用焊机）成立于 1998 年，是集电焊机研发、制造、销售、服务于一体的工业和信息化部专精特新"小巨人"企业。公司的主要产品包括电焊机及焊接机器人，广泛应用于钢结构、重型装备、船舶制造、压力容器、机械加工、桥梁建筑、轨道交通、管道生产与施工、电力建设等工业制造领域（见图 7-6）。

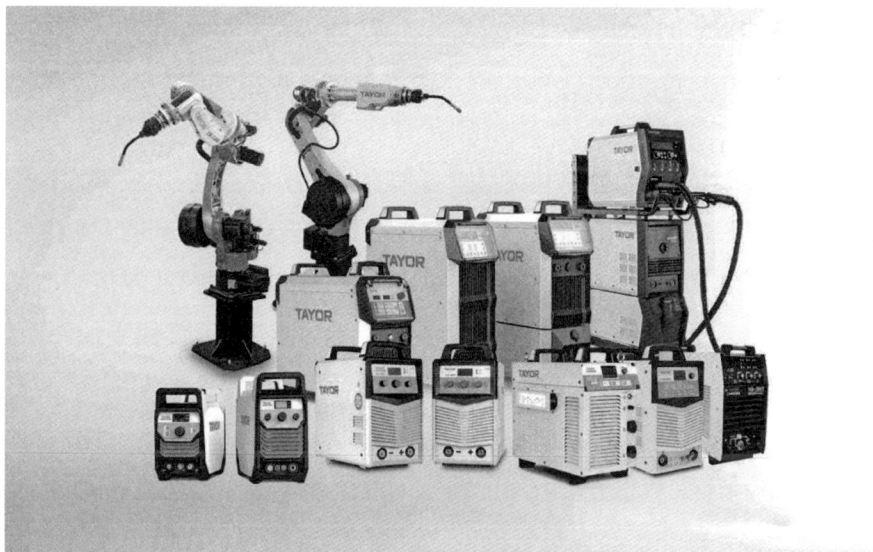

图 7-6 上海通用电焊机主要产品

通用焊机的客户在生产管理中,对于表单、流程、计划的管理可以通过管理软件来固化执行。然而,当涉及依赖设备加工为主的生产环节,尤其是对工艺参数相关的质量管理、工艺纪律保障、工艺标准化及优化分析等方面,传统的流程管理型软件就显得"力不从心"。这些环节需要更精细的控制和数据分析,以确保产品的质量和生产的效率。

当前存在的问题是,因为执行监督存在很大困难(尤其是对焊接操作全过程的监督),所以无法确保焊接工人是否严格按照工艺标准执行焊接操作,尤其是在焊接任务委外加工的时候。工艺标准执行不到位会造成产品质量问题,并且这种问题无法通过肉眼识别。一旦客户在使用过程中发现质量问题,就会要求增加破坏性实验的频率,以确保焊接部位的内部可靠性。这种情况不仅降低了客户对产品的信任度,也对企业的声誉和市场竞争力造成了影响。特别是在汽车、船舶、航空等对安全性和可靠性要求极高的行业中,任何违规操作都是不可接受的。

作为电焊机领域的知名生产商,通用焊机曾收到客户对于"参数采集与分析"的需求。他们认识到,如果能够从设备制造商的角度提供大数据分析功能,将是一个巨大的优势。这不仅能够满足客户对工艺纪律、质量管理和工艺优化的需求,还能增强电焊机的市场竞争力(见图7-7)。

面对这一挑战,通用焊机开始考虑采用技术手段来有效监控和记录设备加工参数,以确保工艺纪律和质量管理。他们设想了一个方案:在焊接设备上安装采集器,监控和记录设备加工过程中的参数,一旦工人操作不当,就能通过异常的参数及时发现问题。同时,这些收集到的参数数据还能用于工艺和质量的优化。例如,如果某位师傅常常因其焊接的产品质量高而受到赞扬,那么通过分析其焊接参数,就能揭示其优秀的原因。这些优秀的参数设置可以作为标准配方推广给所有焊接工人,以确保整个生产线的产品质量都能达到高标准。

然而,由于大数据分析方案的实施不仅依赖设备参数采集技术,还涉及必须能够处理和运算大量数据的上层系统,通用焊机在具体实施方案上遇到了难题,这一方案只能停留在技术改进的愿景阶段。

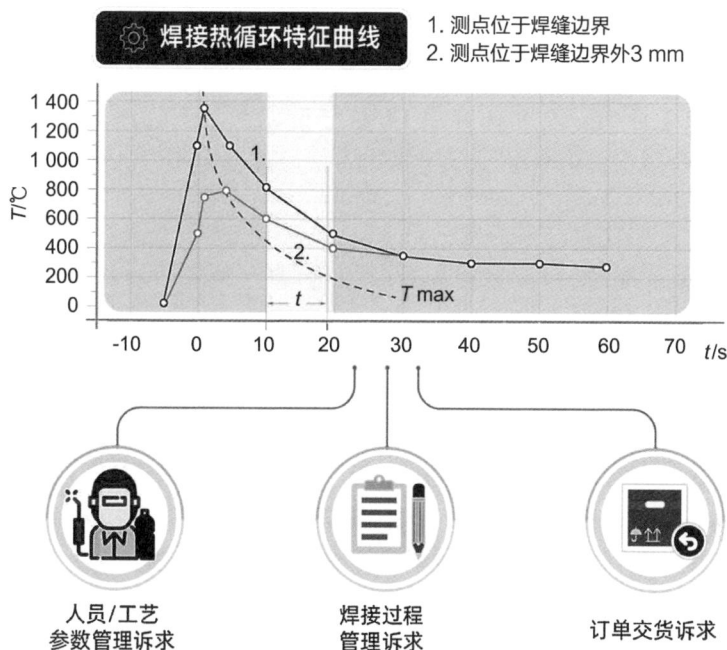

图 7-7 焊接过程的大数据分析对管理及订单的意义

2. 解决方案及成效

2020 年初，通用焊机与鼎捷数智股份有限公司在其他合作项目中，谈到了关于设备参数采集与大数据分析的想法。恰逢其时，鼎捷数智股份有限公司在 2019 年便已在相关领域的规划和实施上走在了行业的前列，其 AIoT 平台积累了丰富的设备数据采集与工业互联网应用案例，涉及的设备联网采集数量已超过万台。于是，双方合作项目的确立和启动也就是顺理成章的事情。

通过调研发现，焊接过程中常见的质量问题主要包括焊缝尺寸不符合要求、咬边、焊瘤、烧穿、未熔合、凹坑、塌陷及未填满、夹渣等。通过采集和监控焊机的预热时间、操作时间、焊接速度、电压、电流、温度等，可以保证焊接质量；通过参数曲线分析，可以找出最优工艺配方。而数据的采集，需要兼顾新设备的升级及老设备的改装，同时需要保证在室外工作中的数据传输。此外，由于接入设备的体量可能是数万台，对于数据的处理也提出了很高的要求。

鼎捷 AIoT 平台在兼顾新老设备的升级改造基础上,通过在设备上加装采集器,实现了实时参数采集,并通过 4G/5G 网络无线传输数据。云端服务器负责统计和分析数据,确保了数据处理的及时性和有效性。此外,通过手机应用程序和监控大屏,操作人员能够实时监控数据,并能在发生违规操作时,通过消息提醒及时报警,甚至能够直接控制设备停机。对于产品加工工艺配方的优化,工艺人员则可以利用数据分析结果,提出改进措施,并将其标准化后推广执行(见图 7-8)。基于大数据分析的上层系统的管理逻辑如图 7-9 所示。

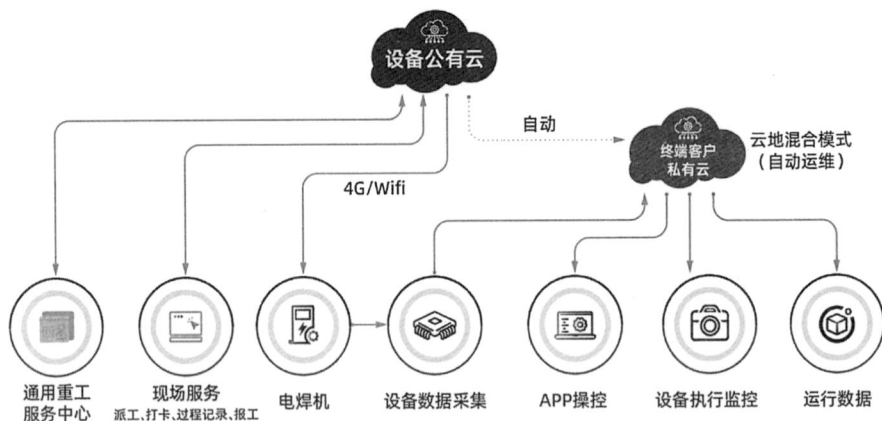

图 7-8　上海通用电焊大数据分析方案示意图

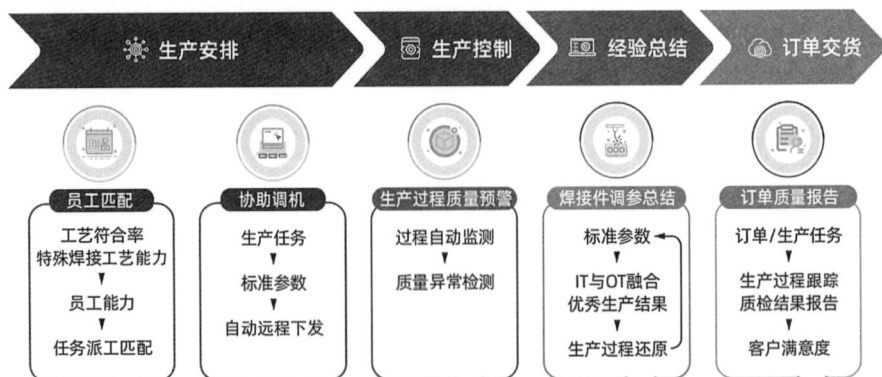

图 7-9　基于大数据分析的上层系统的管理逻辑

方案试点交付后，在大型船舶的室外焊接作业中，焊接质量再无客户投诉，作业质量、工艺执行的纪律都明显得到了保障，也不再需要用破坏性试验来验证产品质量。

然而，尽管数据分析的问题得到了解决，但工艺配方的分析与优化、执行标准的制定、生产过程控制的决策等核心环节，仍然需要人的参与。如何基于参数自动控制设备的启停和加工，如何自动优化工艺配方，如何自动下发最优参数配方等问题，仍需要借助 AI 技术来进一步解决。

7.6.2 案例 2：自动光学检测在羽毛球制造企业的应用

1. 案例背景

某家羽毛球制造厂商的一款塑胶羽毛球的早期生产流程如下：羽毛球射出成型→滑轨机器人取出放入箱体→搬运至集中检测区域→人工检验→分装与排列。

羽毛球的品质检验在生产流程后期采用集中人工目检的方式进行，存在大量影响生产质量与效率的问题。

（1）人工检验效率低。单靠人工目视检验的方式，效率较低，尤其是在人员疲劳的情况下，检验效率会进一步降低。

（2）瑕疵检测不全面。羽毛球的瑕疵种类较多，如毛刺、裂缝、凸起、凹陷等，人工检测方式难以覆盖所有瑕疵类型，导致漏检率较高。

（3）检验结果差异大。检验结果依赖于工人的经验和技能，导致不同资历的品检人员检出的结果存在显著差异。

（4）不良品追溯困难。检测出的不良品难以追溯其生产履历，增加了质量管理的难度和复杂性。

2. 解决方案及成效

为了解决这些问题，羽毛球制造厂商采取了数据驱动的创新解决方案，在塑胶羽毛球生产过程中引入了自动光学检测（automated optical inspection，AOI）与 AI 技术，以提高生产流程的自动化和智能化水平。

自动光学检测，是一种基于光学原理并利用机器视觉技术替代人工目视的检测方法。AOI 系统通常由光源、相机、图像处理软件等组件构成,通过这些组件的协同工作,实现对目标物体的检测和识别。凭借其高精度、自动化和实时性的优势,AOI 技术在工业领域被广泛应用于产品质量检测、自动化生产和智能监控等方面。尽管 AOI 技术可能会受到光照条件、图像处理技术以及复杂场景下算法难度的限制,但通过软硬件的升级、多传感器融合以及算法优化等措施,可以持续推进工业检测向更智能化、自动化的方向发展,从而帮助企业降低成本并提高生产效率。AOI 技术检测原理如图 7 - 10 所示。

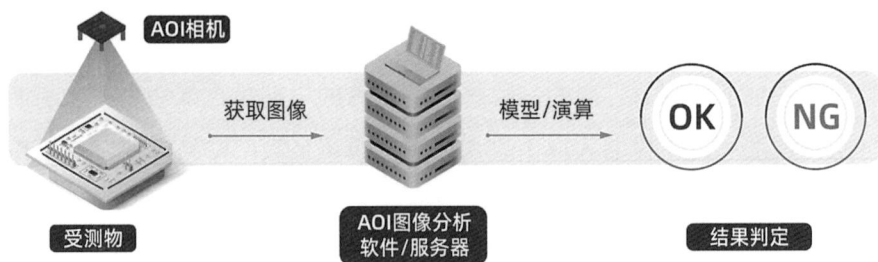

图 7 - 10 AOI 技术检测原理示意图

厂商将 AOI、机械手臂、工业智能软件等技术整合应用于羽毛球的质量检测和自动化生产过程,对生产流程进行了优化。新的流程设计为羽毛球射出成型→滑轨机器人取出并放入 AOI 治具→检测后自动同步信息给六轴机械手臂→六轴机械手臂根据检测结果直接将产品分装良品箱与不良品箱。

此流程改造的核心是数智驱动感知环节(sensing)中增加的 AOI 技术。通过 AOI 装置获取羽毛球样本影像,利用计算机已经习得的检测规则(如瑕疵类型、良品标准等),对检测样本进行理解(understanding),以判断其应归类为良品还是不良品,并针对不良品进行原因分析和追溯。同时,基于大量羽毛球检测样本影像的收集,通过深度学习不断构建和调整数据模型,如此循环,实现了检测速度的持续提升。

流程改造之后,效益非常显著,具体表现如下。

（1）生产效率提升。利用 AOI 装置，帮助快速判定结果，将检测耗时降至 1～4 秒/个；AOI 装置检测完成后直接通过六轴机械手臂自动装箱，较从前节省了搬运、分装的时间，如此一来，使得相同产量的整体生产时间缩短 1～2 天。

（2）成品良率提升。持续通过机器学习调整检测模型，细化瑕疵类型，AOI 装置可更精准定位瑕疵部位，筛出不良品。检验准确率达到 97.5％，与人工目检相比，成品良率提升 5％～10％。

（3）方便不良品溯源。检测当下，即时向工业软件传送检测结果、生产设备、工艺配方、生产时间等信息，帮助追根溯源，提前消除产生不良品的原因，如发现是生产设备故障而导致的良品率降低，可提前安排设备维修，恢复正常生产，避免更大的损失。

通过这一创新的解决方案，羽毛球制造厂商显著提升了生产效率和产品质量，实现了生产流程的智能化和自动化，为羽毛球制造行业树立了新的标杆。这一案例表明，数据驱动通过数据优化模型，在一定程度上弥补了模型驱动的局限。然而，数据的潜力不应止步于此，更需推动企业管理一切任务的自主执行——这正是企业数智化运营所追求的更高水平，也就是 Level 4 的数智驱动阶段。

8

数智驱动 Level 4：数智驱动

8.1　人的双系统思维

诺贝尔经济学奖得主、认知心理学家丹尼尔·卡尼曼在其著作《思考，快与慢》中提出了"双系统思维模型"，这两个系统分别负责处理不同类型的任务[52]。系统 1 处理直觉性任务，而系统 2 则处理需要深度思考的复杂任务。理解这两种思维模式，不仅能帮助我们更好地认识个人决策，也为我们在企业管理中运用双系统思维提供了启发。

1. 系统 1：快思考

系统 1 的运作是无意识的、快速的，主要依赖直觉和经验。它几乎不需要额外的认知资源，能够迅速应对常规性或紧急任务。系统 1 的操作特点包括以下 3 点。

（1）快速反应。系统 1 能够在极短的时间内根据外部刺激迅速做出决策。例如，当我们看到熟悉的面孔时，几乎无须思考便能立刻认出对方。

（2）直觉驱动。系统 1 依赖于生活经验、习惯、刻板印象以及情感反应来进行判断，常常是情绪化的、非理性的。

（3）低认知资源消耗。由于系统 1 的操作是无意识的，它不需要耗费大量的认知资源，能够并行处理大量信息。这使得它特别适合处理日常生活中的简单任务，如识别物体、遵循习惯等。

生活中许多简单的决策和反应都是通过系统 1 完成的。举例来说，当我们开车时，熟练的司机不需要深思熟虑就能做出反应。这是因为系统 1 已经通过经验使驾驶行为自动化。再比如，在超市购物时，我们会根据对品牌的熟悉程度，快速做出购买决策；当我们被问到"6×8 等于多少"时，我们毫不迟疑就能说出答案。这些都是系统 1 的典型表现。

然而，系统 1 也有其局限性。由于它依赖经验和情感，容易出现偏差或误判。例如，快速根据刻板印象判断一个人可能导致得出错误的结论。

2. 系统 2：慢思考

与系统 1 的快速反应不同，系统 2 负责处理复杂且需要深思熟虑的任务。系统 2 是有意识的，需要集中注意力和推理，因此操作起来较为缓慢。其主要特征包括以下 3 点。

（1）深度分析。系统 2 依赖于逻辑推理和分析，能够逐步推导复杂问题。例如，解答数学题或做出战略性决策时，需要系统 2 的介入。

（2）高认知资源消耗。系统 2 的操作依赖于集中注意力和推理，因此会消耗大量的认知资源，容易使人感到疲劳。

（3）有意识控制。系统 2 的运行是有意识的，人们需要主动调动思维去分析和解决问题。

例如，当我们需要计算较为复杂的数学题时，如"678×24 等于多少"，系统 2 会被激活，因为这类任务需要逻辑推理和步骤分析。又比如，购买大件物品如房屋或汽车时，我们会花费时间进行市场调研、价格比较和分析，这时系统 2 的作用就显得尤为重要。

由于系统 2 需要大量的认知资源，它更适合用于复杂决策，但过度依赖系统 2 也会导致行动缓慢，甚至决策拖延。

3. 双系统合作模式

通常情况下，我们的决策行为是在这两个系统的协同作用下完成的。在处理简单或熟悉的任务时，系统 1 会自动接管，使我们能够快速做出反应；而当面临需要深思熟虑的复杂问题时，系统 2 则会介入，帮助我们更仔细地评估和规划。

例如,早晨穿衣服这样的日常行为由系统1轻松处理,我们会根据习惯迅速做出选择。然而,当面临重要的人生决策,如选择职业或投资时,系统2会让我们停下来,分析利弊,并进行更缜密的思考。

这一双系统的思维模型不仅适用于个人决策,也启发了企业管理中的双系统运营。接下来的章节中,我们将探讨数智驱动下的双系统运营,在"快"与"慢"的任务之间高效切换,以提升企业运营管理的质量与速度。

8.2 数智驱动的概念:企业管理的双系统运营

与人的双系统思维类似,企业在运营管理和决策任务上也可以分为"快"和"慢"两类。通过双系统运营,企业可以将不同性质的任务进行区分与处理,从而提升决策效率与准确性。

1. 企业运营管理任务分类

基于人的"双系统思维"理论模式,企业的运营管理任务可以分为高频、重复的"快任务"和高难度、动态变化的"慢任务"。前者以日常运营管理任务为主,后者则主要包括突发事件处理任务以及战略性决策任务(见图8-1)。

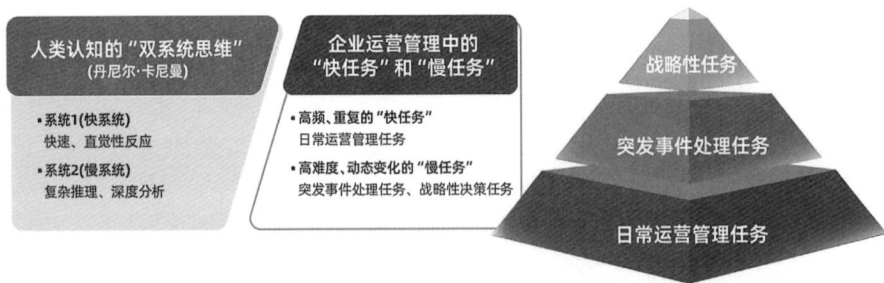

图 8-1 企业运营管理任务分类

(1)日常运营管理任务。这类任务通常是重复性高、标准化程度高的操作,属于"快任务",占据了企业运营管理任务的绝大部分,如库存管理、订单处理和例行报告生成。这些任务主要依赖系统 1 式的快速反应来处理，能够在无意识中自动完成，因此非常适合通过数据触发的系统来自动执行。

（2）突发事件处理任务。这些任务具有一定的紧急性和不可预测性，需要系统 2 式的深度思考来应对。企业在面对供应链中断、客户投诉或外部市场变化时，通常需要分析当前数据，制订应急响应措施。虽然这类任务需要快速响应，但又需要一定的灵活性和判断力，从这一点上来说，突发事件处理任务也属于"慢任务"。

（3）战略性任务。这些任务处于运营管理和决策任务金字塔的顶端，是企业最复杂的决策类型，是典型的"慢任务"，如制订长期发展计划、新市场进入战略或资源分配方案等。这类任务通常需要多维度数据支持，结合全局视角和预测模型进行深入分析，最终制定出具有前瞻性的决策方案。

2. 数智驱动的概念

数智驱动是指企业通过数据自决和智能生成两大核心能力来实现双系统运营，完成上述企业运营管理中的所有任务（见图 8 - 2）。

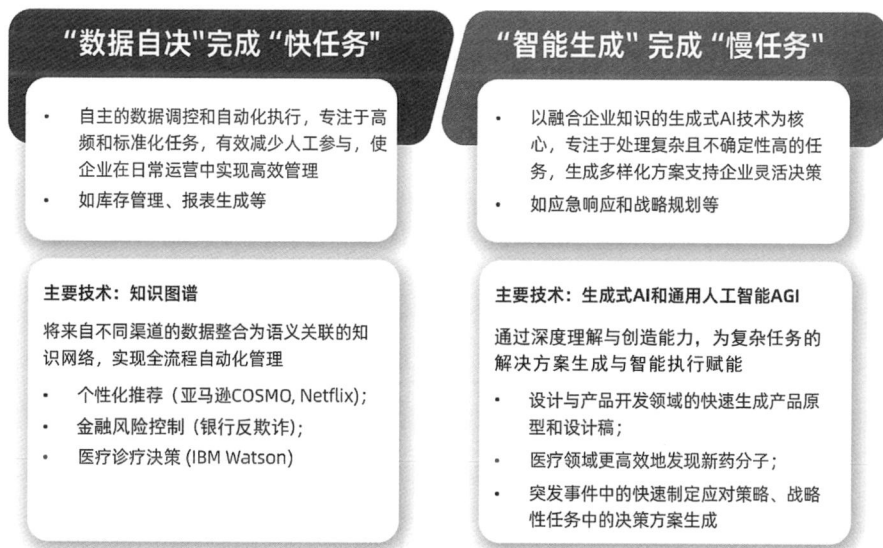

"数据自决"完成"快任务"	"智能生成"完成"慢任务"
• 自主的数据调控和自动化执行，专注于高频和标准化任务，有效减少人工参与，使企业在日常运营中实现高效管理 • 如库存管理、报表生成等	• 以融合企业知识的生成式AI技术为核心，专注于处理复杂且不确定性高的任务，生成多样化方案支持企业灵活决策 • 如应急响应和战略规划等
主要技术：知识图谱 将来自不同渠道的数据整合为语义关联的知识网络，实现全流程自动化管理 • 个性化推荐（亚马逊COSMO, Netflix）； • 金融风险控制（银行反欺诈）； • 医疗诊疗决策（IBM Watson）	**主要技术：生成式AI和通用人工智能AGI** 通过深度理解与创造能力，为复杂任务的解决方案生成与智能执行赋能 • 设计与产品开发领域的快速生成产品原型和设计稿； • 医疗领域更高效地发现新药分子； • 突发事件中的快速制定应对策略、战略性任务中的决策方案生成

图 8 - 2　数智驱动：数据自决与智能生成的双系统运营

数据自决意味着企业可以通过自主的数据触发、任务分派和自动化执行，来完成日常运营管理任务，有效减少人工参与。对于这些"快任务"，数据自决通过对大量实时数据的自动分析，能够自主做出决策和任务分配，确保日常运营的高效进行。例如，企业可以通过数据自决来自动完成库存补货、财务报表生成等任务。数据自决的核心在于从流程思维向数据思维的转变，企业的运营不再依赖于传统的流程预设，而是完全由数据驱动，自动推动任务的执行。这种转变极大地提升了决策的准确性和速度，实现了从"以数据始"到"以数据终"的全流程闭环管理。

对于复杂的突发事件处理任务和战略性任务，企业则依赖于智能生成的能力。智能生成以融合企业知识的生成式 AI 技术为核心，能够根据复杂的变量生成多个解决方案，帮助企业在面对高难度决策时选择最佳方案。例如，当供应链出现问题时，智能生成可以模拟不同的解决方案路径，并根据风险和收益自动生成应对策略。对于长期战略规划，智能生成则可以通过分析历史数据和外部市场的复杂关系，生成多种潜在的发展路径，并提供优化的决策建议。这种灵活应对复杂任务的能力，使得智能生成不仅可以应对突发事件，还能够在战略性任务中发挥关键作用，为企业提供高度个性化的决策支持。

在数智驱动的双系统运营模式下，企业的日常运营任务通过数据自决实现了高度自动化，而复杂的突发事件和战略性任务则通过智能生成实现了灵活应对。双系统的协同工作，帮助企业在数据的实时支撑下平衡自动化和创新性，显著提高了对复杂市场环境的响应能力与决策精准性。

8.3 知识图谱与生成式 AI：数智驱动双系统运营决策的实现路径

数智驱动的企业双系统运营决策不仅依赖于数据积累和流程优化，

更需要通过先进的智能技术进行驱动。那么具体要如何实现这种双系统的高效运营呢？答案来自对多种数智技术的整合。高德纳公司提出的"复合 AI(composite AI)"概念为我们提供了一个清晰的实现路径。高德纳公司指出，通过结合不同类型的 AI 技术，如机器学习、生成式 AI、知识图谱等，企业可以更好地应对复杂的业务问题[53]。这种技术整合不仅提升了 AI 系统的学习效率，还扩展了其知识表示的广度，尤其在涉及多样化数据的复杂决策场景中表现得更为出色。

传统的单一 AI 方法在处理复杂的业务问题时往往受到局限，而复合 AI 能够通过多种技术协同工作，弥补单一技术的短板。例如，机器学习擅长从海量数据中发现模式并进行预测，知识图谱能够将分散的数据整合为具备语义理解的知识网络，生成式 AI 则可以根据数据生成全新的内容或方案。复合 AI 将这些技术整合到一个系统中，使其能够从更广泛的角度理解和应对不同领域的业务需求。这为企业在数智驱动的双系统运营提供了强有力的支持，尤其是在处理多样化任务和复杂决策时，复合 AI 能够带来更灵活和精准的解决方案。

8.3.1　知识图谱与生成式 AI 的关键作用

要实现企业管理的双系统运营，我们认为两种 AI 技术的作用尤为关键——知识图谱与生成式 AI。这两项技术分别在企业运营的"快"任务和"慢"任务中发挥着重要作用，前者负责"数据自决"，后者负责"智能生成"，两者共同构成了数智驱动双系统运营的核心路径。

一方面，知识图谱在企业日常运营管理中扮演着"数据自决"的角色。企业的各类业务数据之间通常存在复杂的关联关系，这些数据来源可能分散、格式不一且缺乏上下文意义。知识图谱通过将这些分散的数据连接成一个结构化的知识网络，赋予数据语义上的联系，从而实现对数据的深度理解和自动化分析。例如，知识图谱可以在供应链管理中，将供应商、生产、库存、运输等不同来源的数据进行有效关联，自动识别补货需求，并根据供应链中各环节的实时数据生成优化的补货决策。接下来,系统可以自动生成任务并指派给相关部门或人员执行,无须人工干预。

这一过程完全依赖知识图谱的自动化推理和决策能力,消除了传统决策过程中烦琐的逻辑推理和人工干预步骤。通过知识图谱,企业能够在面对高频且标准化程度高的日常运营任务时,以数据为基础,实现完全的自动化管理。这样的"数据自决"能力不仅提升了运营效率,也大幅减少了人为失误,提高了决策的准确性和响应速度。

另一方面,生成式 AI 在企业的复杂决策中发挥着核心作用,尤其是在"智能生成"的任务中表现得更为突出。生成式 AI 能够根据现有数据生成多个备选方案,帮助企业在面对不确定性和复杂性较高的决策场景时,快速找到最优的解决路径。例如,企业在进行新市场进入决策时,生成式 AI 可以通过分析历史销售数据、市场需求和竞争对手的动态,为企业生成多个可能的进入策略,并对每个策略的风险和收益进行预测。这种高度灵活且个性化的方案生成能力,极大地提升了企业在面对战略任务和突发事件时的决策质量。

通过知识图谱和生成式 AI 的协同,企业能够在"快任务"与"慢任务"之间实现高效的智能切换,既能应对日常运营中的数据决策,又能在面对复杂问题时,通过生成式 AI 找到创新性的解决方案。这种双系统的运营模式,使企业能够在复杂多变的市场环境中保持竞争力,真正实现了数智驱动下的高效运营管理。

8.3.2　实现数据自决的关键技术:知识图谱

知识图谱(knowledge graph)是实现数据自决的关键技术。自 2012 年 Google 首次提出这一概念以来,知识图谱的应用已不再局限于提升搜索引擎的能力,而是广泛应用于各类智能技术中,包括智能搜索、智能问答、个性化推荐等领域。从学术角度来看,知识图谱可以定义为一种"语义网络(semantic network)"的知识库,它通过将分散的数据转换为具有语义关系的结构化知识来实现知识集成[54-56],为企业提供了一种自主管理和决策的工具。这种技术的核心在于通过数据的自动化处理与整合，帮助企业实现数据驱动的自决能力，从而提高企业的运营效率和决策准确性。

1. 知识图谱的表现形式

为了更容易理解，可以把知识图谱看作是一种多关系图（multi-relational graph）。多关系图包含多种类型的节点和边。节点通常表示实体（entity），如人、地点、概念等，而边则用来表示这些实体之间的关系（relation）。在知识图谱中，节点代表着现实世界中的事物，而边表示这些事物之间的关系。例如，一个节点可以表示一个人，另一个节点可以表示一个地点，两者之间的关系边则可以表示这个人"居住在"这个地点。同样，知识图谱可以用来描述公司之间的合作关系，产品与客户之间的购买关系，甚至科学概念之间的前后关联性。

为了更直观地理解知识图谱的结构，图8-3中展示了一个典型的知识图谱实例。在这个图中，不同的"实体"节点（如"国家""中国""北京"等）通过各种关系（如"首都"等）相互连接，构成一个语义丰富的图谱结构。这种图谱的构成不仅能够呈现出数据之间的关联性，还可以进一步通过算法进行推理与查询。

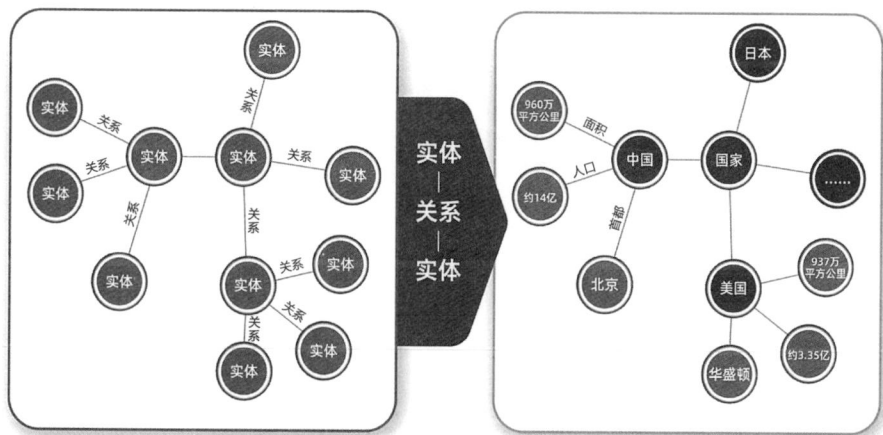

图 8 - 3　知识图谱实例

这种语义网络的表现形式使得知识图谱能够有效整合多个数据源，并在此基础上生成新的知识。例如，Google 的知识图谱通过将数百万个实体与关系整合在一起，帮助搜索引擎返回用户的直接查询结果的同时，还可以根据查询内容显示关联的信息。这种结构使得知识图谱在实际业务应用中表现出卓越的处理能力，能够为各行各业提供精准的解决方案。当前，它已经成为多个行业的关键技术之一。

2. 知识图谱的构建过程

构建知识图谱的过程使得企业能够整合并分析内外部数据，并通过语义化存储和处理，实现自动化的决策流程。这种数据自决能力使得企业可以在复杂的业务环境中更快速地做出响应，减少对人工判断的依赖。知识图谱的构建过程通常包括定义具体的业务问题、数据的收集与预处理、知识图谱的设计、数据存入知识图谱、上层应用的开发与系统评估 5 个步骤，其中最重要的是业务理解和设计步骤（见图 8-4）。

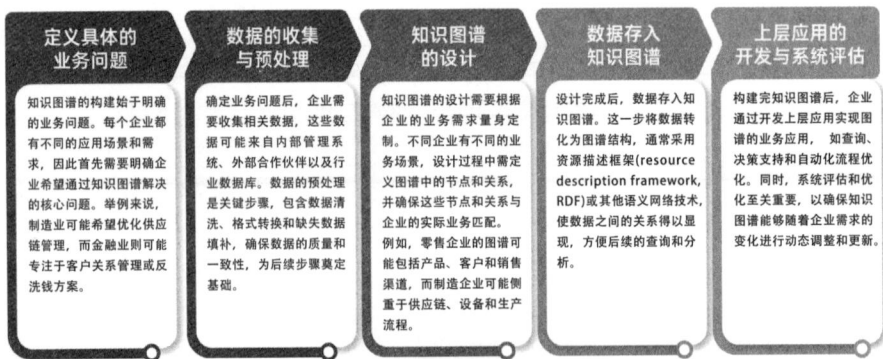

定义具体的业务问题	数据的收集与预处理	知识图谱的设计	数据存入知识图谱	上层应用的开发与系统评估
知识图谱的构建始于明确的业务问题。每个企业都有不同的应用场景和需求，因此首先需要明确企业希望通过知识图谱解决的核心问题。举例来说，制造业可能希望优化供应链管理，而金融业则可能专注于客户关系管理或反洗钱方案。	确定业务问题后，企业需要收集相关数据，这些数据可能来自内部管理系统、外部合作伙伴或其他数据库。数据的预处理是关键步骤，包含数据清洗、格式转换和缺失数据填补，确保数据的质量和一致性，为后续步骤奠定基础。	知识图谱的设计需要根据企业的业务需求量身定制。不同企业有不同的业务场景，设计过程中需定义语义图谱中的节点和关系，并确保这些节点和关系与企业的实际业务匹配。例如，零售企业的图谱可能包括产品、客户和销售渠道，而制造企业可能侧重于供应链、设备和生产流程。	设计完成后，数据存入知识图谱。这一步将数据转化为图谱结构，通常采用资源描述框架(resource description framework, RDF)或其他语义网络技术，使数据之间的关系得以显现，方便后续的查询和分析。	构建完知识图谱后，企业通过开发上层应用实现图谱的业务应用，如查询、决策支持和自动化流程优化。同时，系统评估和优化至关重要，以确保知识图谱能够随着企业需求的变化进行动态调整和更新。

图 8-4　知识图谱的构建过程

在这个过程中，每一家企业的知识图谱构建是一个高度个性化的过程，不同企业基于其特定的业务需求和行业特点，构建出的知识图谱可能大相径庭。企业通过将自身的经营管理知识提取、沉淀并结构化，最终形成独具特色的知识图谱。这种个性化的知识图谱不仅反映了企业的内部运作模式，还能帮助企业实现业务流程的自动化和智能化，从而在面对复杂业务问题时，快速找到解决方案。

3. 知识图谱的实际应用场景

随着知识图谱的技术日趋成熟，它已经在多个行业中展现了巨大的价值。在零售行业，知识图谱可以用于推荐系统，通过分析顾客的购买行为和趋势来推荐相关产品；在娱乐行业，它被广泛应用于内容推荐平台，例如 Netflix 和 YouTube，通过分析用户的观看历史为其推荐感兴趣的内容。以下是几个典型应用场景。

1）零售领域

知识图谱通过分析客户的购买行为，帮助零售商制定追加销售和交叉销售策略，向客户推荐相关产品。例如，根据某个顾客过去的购买记录，系统可以预测并推荐他可能感兴趣的新商品。

亚马逊公司的 COSMO 系统是其在零售领域应用知识图谱的一个成功案例。COSMO 系统通过从用户行为中挖掘信息，构建了大规模的电商知识图谱，从而增强了个性化推荐、搜索导航等在线服务的精准度。亚马逊公司在 COSMO 系统中采用了大语言模型（LLM）生成初始知识，再通过人类反馈和指令微调的方式，优化知识图谱。这一知识图谱涵盖了亚马逊平台上的 18 个主要品类，生成了数百万条高质量的知识关联。COSMO 系统的上线显著提升了搜索导航的效果，并在 A/B 测试中明显改善了用户体验，充分展示了通过知识图谱技术优化个性化推荐的潜力[57]。

类似地，eBay 通过构建产品知识图谱，将产品、实体及其与外部世界的关系编码到其系统中，极大提升了产品推荐的精准度[58]。例如，eBay 的知识图谱能够区分普通商品和具有特殊意义的商品，如迈克尔·乔丹签名的篮球球衣，并结合用户的兴趣与历史搜索数据，推荐相关商品。当用户搜索利昂内尔·梅西的纪念品时，知识图谱能够识别到他正在效力的足球俱乐部，从而推荐其他相关商品如签名足球、球衣等。这些语义关系增强了用户购物体验，同时提高了销售转换率。

2）金融领域

知识图谱技术在金融行业中已展现出显著的价值，通过将复杂的金融数据和客户信息结构化为知识图谱,金融机构可以在风险控制、精准营销和反欺诈等领域实现更高效的管理和决策。

中国香港上海汇丰银行有限公司利用知识图谱技术进行客户特征画像,深入挖掘客户的消费偏好、风险特征等信息。通过对客户行为的精细化分析,它能够根据不同客户的需求制定个性化营销策略,有效提升了客户获取和维护的效果。知识图谱帮助该银行识别高价值客户,优化营销路径,提升了全行的营销效率和客户满意度[59]。其他银行也积极在数字化转型中拓展知识图谱的应用。中国工商银行股份有限公司通过知识图谱技术,将内部的客户数据与外部信息相结合,构建了全面的客户风险和关系图谱。该系统在信贷风险控制中发挥了重要作用,能够根据借款人的社交关系、资金流动、担保信息等多维数据,自动识别潜在的欺诈行为和高风险交易。通过卷积图神经网络算法,该银行实现了客户风险的精准评估,为信贷业务的审批和风险防控提供了科学支持。此外,知识图谱还帮助该银行进行营销数据的深度挖掘,通过分析客户的交易行为和关联关系,精准推荐潜在客户,提高了营销获客效率[60]。

在反欺诈和反洗钱领域,知识图谱的应用也极具价值。银行通过知识图谱技术建立资金交易关系网,对资金流动进行多维度分析,及时识别隐藏在复杂交易中的欺诈和洗钱行为[61]。例如,通过追踪客户的交易历史和关联账户,知识图谱能够挖掘出潜在的欺诈网络,帮助银行快速识别虚假交易。知识图谱还能够构建复杂的资金流动网络,发现洗钱链条中的异常账户,大幅提升了银行在反洗钱领域的效率。

3)医疗健康领域

在医疗健康领域,知识图谱可以帮助整合电子健康记录(electronic health records,EHRs)中的复杂关系,从而提高数据分析的效率和准确性,并支持医疗决策[62]。通过构建疾病中心的知识图谱,医生可以更方便地探索不同医学资源之间的关系,解答实际的临床问题[63]。例如,知识图谱可以将不同的医学知识源整合起来,帮助医生在诊断和治疗过程中做出更精确的判断。此外,机构还可以探索开发个人健康知识图谱

(personal health knowledge graphs，PHKGs)，从而实现个性化的医疗
服务[64]。

百度医疗大脑是基于知识图谱技术构建的大规模医学知识库，旨在
为医疗行业提供智能化的辅助服务。该系统整合了 11 种医学类型的知
识图谱，并运用这些图谱驱动的交互式问答模型，实现智能分诊的功能。
这一产品已成功应用于某大型三甲医院，帮助解决了医疗数据分散、专家
系统缺失、医疗行业专家地域差异化大的问题，通过知识图谱的智能推理
能力，为患者提供更精准的诊疗服务。

与此类似，国际商业机器公司(international business machines corporation，
IBM)的 Watson 系统在肿瘤治疗辅助决策方面也采用了知识图谱和人工智
能的结合。Watson 系统通过构建复杂的知识图谱系统，帮助医生在肿瘤治
疗中做出更精准的治疗选择，尤其在疑难杂症的诊断和治疗建议方面具
有重要作用。这种系统依托于丰富的医疗文献数据，利用知识图谱的推
理能力，提供个性化的治疗建议，推动了医学辅助决策的智能化发展。

4) 智能制造领域

知识图谱在智能制造领域中逐渐展现出巨大潜力，特别是在复杂设
备和系统管理方面，通过整合多源数据和构建语义关系网络，帮助企业优
化生产、提高运营效率。智能制造领域的关键在于管理大量机器和设备
之间的复杂关系。知识图谱可以有效提升设备管理、预测维护、质量控制
等方面的智能化水平，其应用场景包括专家检索、知识重用、质量分析、故
障诊断等[65]。通过知识图谱自动化分析，企业可以优化生产线的质量监
控和预警机制，从而显著提升生产效率。

西门子公司的实践展示了知识图谱技术在智能制造中的创新应用。
西门子能源公司使用亚马逊 metaphactory 知识图谱平台，通过与
Amazon Neptune 图形数据库的集成，成功构建并部署了一个定制的知识
图谱应用程序，用于管理其在全球运营的数千台大型汽轮机组。在这个
复杂的设备管理任务中，知识图谱技术帮助西门子能源公司组织并可视
化涡轮机组的数据结构，显著提升了设备的可见性，使工程师能够更高效

地管理备件目录和设备配置。通过该平台,西门子能源公司不仅实现了更精准的决策支持,还大幅减少了数据处理的人工工作量,每年节省约1 500个小时。该解决方案不仅提高了运营效率,还通过机器学习和知识图谱技术为设备管理增添了智能化的维度,使西门子能源公司能够快速响应全球设备管理需求,并进一步提升了整体的客户服务质量[66]。

西门子工业自动化产品(成都)有限公司(SEWC)作为全球首批灯塔工厂之一,也是西门子公司在中国的首座数字化工厂,通过知识图谱技术实现了生产效率与知识管理的突破。面对设备信息分散、知识结构复杂等挑战,SEWC依托亚马逊云科技的 Amazon Neptune 图数据库,构建了云边一体的产线故障知识图谱,将经验知识结构化,并用于实时故障诊断和问题定位。传统车间故障处理依赖人工分析,不仅耗时且易出错。SEWC的综合设备效率(overall equipment effectiveness, OEE)分析系统通过实时数据采集,结合知识图谱快速归类和推理故障原因,使一线工人能够迅速采取行动,显著缩短了停工时间。例如,复杂的贴片机吸嘴堵塞问题,以往需技术团队多次分析,而如今通过知识图谱自动提供解决方案,普通操作员即可独立解决。该系统显著降低了对人工的依赖,每年节省大量人力并提高了故障处理精准度[67]。

作为实现数据自决的关键技术,知识图谱的广泛应用已经展现出巨大价值,通过其自动化的数据处理与决策能力,帮助企业实现了更加高效、精准的业务流程。未来,随着知识图谱技术的进一步成熟,企业将能够更充分地依赖数据自决,在动态变化的市场环境中保持竞争力。

8.3.3　实现智能生成的关键技术：生成式 AI

生成式 AI(generative AI, GAI)是实现智能生成的关键技术。它通过学习大量数据,并基于已有的信息生成新的内容,推动了自动化和创新能力的飞跃。不同于传统的决策支持系统,生成式 AI 不仅可以分析和判断现有的数据,还具备自主生成多样化内容的能力。生成式 AI 的应用广泛,包括文本、图像、音频和视频的生成,尤其在产品设计、内容创作和业务流程优化中展现了巨大的潜力。

生成式 AI 依赖于复杂的机器学习模型，通常包括深度学习中的 Transformer 模型、GPT 模型（如 GPT‐3、GPT‐4）和 Diffusion 模型等。这些模型通过识别数据中的模式和关系来理解输入，并生成新的输出内容。举例来说，GPT 模型通过从数以亿计的文本数据中学习，能够根据用户的提示生成语法正确且逻辑通顺的文章。Diffusion 模型则被用于生成图像或视频，它通过学习图像的噪声和细节，逐步生成高清的图片或动画。

近年来，生成式 AI 技术持续迭代，商业化应用不断突破。2025 年，杭州深度求索人工智能基础技术研究有限公司发布的 DeepSeek V3 和 R1 开源模型，标志着生成式 AI 行业发展进入新阶段。2025 年 1 月 20 日，DeepSeek‐R1 正式发布，凭借较低的训练成本和卓越的性能表现迅速引发全球关注，影响力持续扩大。通过模型架构创新、训练方法突破、数据策略优化等多维创新，DeepSeek 实现了模型训练效能的大幅提升，在训练成本远低于市场同类模型的情况下，其性能与世界顶尖模型比肩：V3 模型在开源模型中位列榜首，与全球最先进的闭源模型不分伯仲；R1 模型性能则对标 OpenAI o1 正式版。DeepSeek 的出现不仅显著提升了算力利用效率，标志着算力效率拐点的到来，还大幅降低了企业部署生成式 AI 的门槛。同时，其支持私有化部署模式，确保了企业数据的安全隔离。此外，DeepSeek 坚持开源战略，积极推动行业生态建设，加速了生成式 AI 在产业中的渗透。麦肯锡咨询公司的研究显示，1/3 的组织至少已经在一项业务职能中定期使用生成式 AI[68]；而行业分析机构高德纳公司则预测，到 2026 年，超过 80% 的组织将部署生成式 AI 的应用程序，或者利用生成式 AI 的应用程序接口（application programming interface，API）来解决业务问题[69]。当前，生成式 AI 正从技术突破迈向商业价值闭环，在智能制造、金融服务等领域展现强劲的应用潜力，其影响力将随着开源生态的完善，逐步渗透至产业链的每一个环节。

1. 生成式 AI 与数据驱动阶段 AI 的区别

生成式 AI 的独特性在于它不仅依赖数据分析，还具备生成新内容的能力,这使得它与数据驱动阶段的弱人工智能有着明显的区别[70]。弱人工智能专注于特定任务,通过学习数据的条件概率分布,进行模式识别、判断或预测,主要用于支持企业的决策与运营优化。其核心能力聚焦于"知识"层面的提取与运用,常见的应用场景包括推荐系统、风控系统和自动驾驶等。

相比之下,生成式 AI 学习的是数据的联合概率分布,并借此实现"智能生成"的能力,即根据已有数据和模型生成全新的内容。例如,在企业的产品设计领域,生成式 AI 可以基于过去的设计数据生成全新的产品原型;在内容营销领域,生成式 AI 能够根据客户偏好,自动生成定制化的广告文案。这种"创造"能力超越了数据驱动阶段的弱人工智能,展示了更高级的逻辑处理水平和内容生成水平。未来,生成式 AI 将会在应对企业突发问题、处理复杂业务场景时,提供多种创新性方案。

2. 生成式 AI 的实际应用场景

生成式 AI 的应用在多个行业展现出其巨大的创新潜力。在设计与产品开发领域,企业可以通过 AI 技术快速生成产品原型和设计稿,并根据用户反馈实时调整优化流程;在医疗领域,AI 则帮助制药公司更高效地发现新药分子,加速药物研发;而在创意内容生成方面,AI 技术正在为广告、媒体和影视行业带来自动化变革。以下几个实际应用场景进一步展示了生成式 AI 是如何在不同领域推动创新的。

1) 产品研发与设计

制造业企业可以利用生成式 AI 在极短时间内生成多个产品设计方案,并根据市场数据或用户需求对其进行优化。

鼎捷数智股份有限公司将生成式 AI 应用于产品改型设计过程中,帮助工程师根据 3D 模型快速生成 2D 图纸,识别零部件模型,并自动标注尺寸和技术要求。该系统能够基于装配图,确保标注的准确性,仅需设计人员进行最终确认和微调,从而显著减少了人工干预。设计过程的智能化改进还体现在生成式 AI 通过学习历史设计数据和设计师的思维,自动生成符合客户需求的改型建议和图纸。系统能够根据使用条件、材料和环境限制等因素，自动选择合适的设计参数和工艺流程。通过预训练，系统已经掌握了产品研发中的技术要求和客户需求，能够智能地优化设计方案，降低了设计人员对技术参数的依赖。

这种智能化的设计模式，预计能够为企业节省80％以上的工作时间，并且正在不断拓展其应用范围，展示了生成式 AI 在制造业设计领域的巨大潜力。

2）营销与推广

生成式 AI 通过智能生成的能力，自动生成个性化的广告内容，基于用户的浏览数据和兴趣爱好，为每位用户量身定制广告创意，极大提高广告的点击率和转化率。

Meta 公司推出了一款生成式 AI 广告工具，能够帮助广告商自动生成图像、背景和文本，大大提高了广告创意制作的效率[71]。例如，CASETiFY 品牌利用该工具，通过生成带有不同背景和文本叠加的广告图像，将广告支出回报率提升了13％。Meta 公司的 Advantage＋工具通过动态推荐功能，为用户展示个性化的产品广告，提高了转化率，美容护肤品牌馥蕾诗(Fresh)因此获得了5倍的广告增量回报率。Meta 公司的生成式 AI 还支持多平台优化，自动调整广告比例，使其适应不同发布平台的需求。这一创新为广告行业带来了更多创意可能性，并减少了人工干预。通过 AI 的智能生成功能，广告商能够更加灵活地根据客户需求和市场变化调整广告内容，提升广告效果。

3）制药与筛选

制药公司可以利用生成式 AI 在药物研发中进行新药分子的设计和筛选。生成式 AI 能够基于已有的药物结构和分子数据，自动生成可能有效的新药分子，并预测其与疾病靶点的结合效率，从而加速药物开发进程。

英矽智能公司于2024年利用其生成式 AI 平台设计并发现了 TNIK 抑制剂 INS018_055，用于治疗特发性肺纤维化。这一药物从算法开发到进入2期临床试验仅用了18个月，耗时远少于传统药物研发流程。通过 AI 系统对分子结构的优化和靶点筛选，INS018_055 展示了良好的安全性和药效。这一成功案例标志着 AI 在加速药物研发、简化设计过程方面的巨大潜力[72]。

4) 销售

生成式 AI 在销售领域应用广泛。它可以自动生成个性化的产品推荐或配置方案,简化流程并提升客户体验。此外,AI 能高效处理复杂的产品信息,减少人工错误,快速提供解决方案。同时,通过分析历史销售数据和客户反馈,生成式 AI 能够优化销售策略,帮助销售人员更精准地定位市场需求,提升销售业绩和客户满意度。其广泛的应用不仅加速了销售流程,还为企业提供了更具针对性的销售策略。

宝马北美公司与埃森哲公司合作,利用生成式 AI 平台,将数据快速转化为有价值的洞察信息,并通过智能分析生成个性化的配置方案。过去,销售人员需要花费数小时查阅手册、逐项核对车辆配置选项,但使用生成式 AI 平台后,该过程仅需几分钟。平台集成了多个 AI 应用程序,能够智能选择数据源,优化回答复杂问题,使销售人员能够更好地服务顾客[73]。

3. 生成式 AI 的未来与 AGI

尽管生成式 AI 在许多领域展示了惊人的创造能力,但它与真正的通用人工智能(artificial general intelligence, AGI)还有相当远的距离。AGI 是指具备广泛学习、推理和决策能力的智能系统,它不仅能在特定任务中表现出色,还能够应对不同的任务和情境,表现出类似于人类的灵活智能。

根据 OpenAI 和 DeepMind 的研究路线图,生成式 AI 仍处于 AGI 的初级阶段。一方面,根据 OpenAI 的研究路线[74],当前的 GPT-4 等生成式 AI 模型处于 Level 1 的阶段(能够与人类进行对话的聊天机器人),新推出的 o1 系列模型目前在 Level 2 的阶段(像人类一样能够进行逻辑思考来解决问题的推理者),而离 Level 5 的"组织级别 AI(能完全替代人类完成组织工作的组织者)"还有相当长的路要走。另一方面,DeepMind 提出了 AI 能力从"emerging"到"superhuman"的路线图[75],表明生成式 AI 目前仅在一些特定任务上表现出较高水平的智能,但与真正的 AGI 仍有技术上的差距(见表 8-1)。

表 8 - 1　OpenAI 的 AGI 发展路线

发展阶段	含 义 及 特 征
Level 1	Chatbots，AI with conversational language 聊天机器人，具有对话能力的 AI
Level 2	Reasoners，human-level problem solving 推理者，具备人类的推理水平，能解决很多复杂难题的 AI
Level 3	Agents，systems that can take actions 智能体，不只是推理，还能执行全自动化业务的 AI 系统
Level 4	Innovators，AI that can aid in invention 创新者，能协助人类完成新发明的 AI
Level 5	Organizations，AI that can do the work of an organization 组织者，可以自主完成组织全部业务工作的 AI

此外，高德纳公司预测，尽管生成式 AI 将在未来 2~5 年内进入成熟阶段，并实现广泛的商业应用，但 AGI 的全面成熟和广泛应用可能还需 10 年以上[76]。虽然生成式 AI 拥有巨大的潜力，但其大规模商业化仍需要进一步发展。企业管理者可以在局部业务中率先试点生成式 AI，但应谨慎操作，避免过度依赖技术，直到其在行业中更为广泛且成熟为止（见图 8 - 5）。

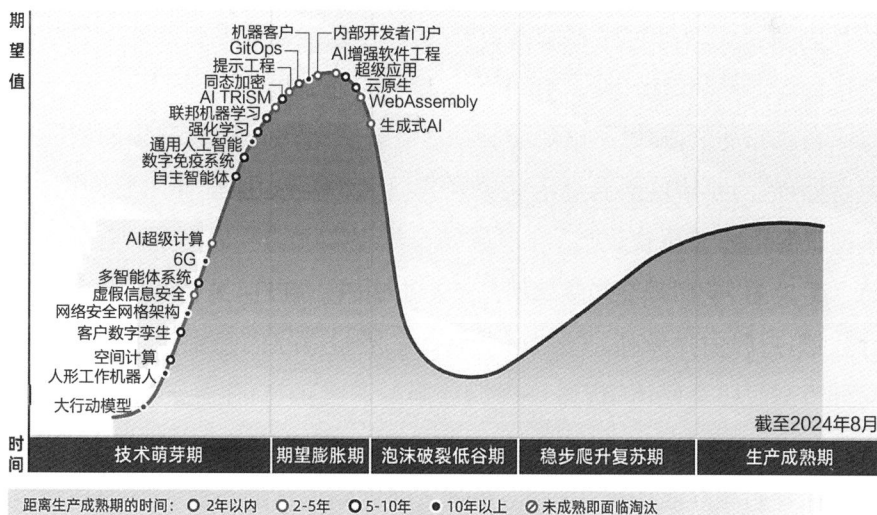

图 8 - 5　2024 年新兴技术成熟度曲线（来源：高德纳公司）

作为智能生成的核心技术,生成式 AI 已在多个行业展现出变革潜力。从生成内容到解决复杂任务,生成式 AI 推动了业务智能化,并显著提升了企业在数字化时代的运营效率。随着技术不断进步,融合企业知识的生成式 AI 将在未来继续引领行业的创新变革。

8.4　数智驱动阶段的 SUPA 特征

在数智驱动阶段,知识图谱和生成式 AI 为代表的数智技术共同推动了企业管理的深刻变革。这些技术的结合,使 SUPA 模型中的各个环节实现了全面的智能化升级。知识图谱通过对多源数据的集成、关联与推理,帮助企业在复杂数据环境中自决、自适应地进行实时感知与决策;生成式 AI 则通过强大的推理和创作能力,支持企业从数据中生成洞见和策略,优化决策过程并提升企业运营效率。这一阶段的 SUPA 特征主要表现为两点:数智驱动下的各环节智能提升和系统级协同。

1. 数智驱动 SUPA 各环节智能提升

数智驱动对 SUPA 循环的智能提升体现在每一个环节,并且在这些环节中,数智技术不仅是辅助人类完成任务,还是通过其智能技术替代人类执行许多复杂的操作。

在感知环节,知识图谱能够帮助企业整合来自不同数据源的实时信息,将分散的原始数据通过语义关联建模,构建出一张全面的感知网络。这使得企业能够更快、更精准地感知市场动态、客户反馈以及供应链状态。生成式 AI 则对这些感知信息进行更深入的分析,通过提炼观点和聚合数据,帮助企业识别关键的市场趋势和风险信号。例如,生成式 AI 可以分析来自社交媒体、新闻和内部数据的海量信息,生成多维度的分析报告。

在理解环节,知识图谱通过其语义推理能力帮助企业更好地理解复杂数据之间的内在关系。它能够从数据中识别潜在模式,构建数据之间的语义关联，并提供支持决策的信息。例如，企业可以利用知识图谱分析供应链中的潜在瓶颈或客户需求的变化趋势。而生成式 AI 在此环节中则可以通过多角度推理，生成可能的应对方案，甚至能够对未来的市场变化进行模拟，为企业提供更加全面的理解和预判能力。两者结合可以帮助企业建立完整的知识体系，增强企业的应对能力。

在规划环节，生成式 AI 和大语言模型（large language models，LLM）展现出强大的决策智能（decision-making intelligence），支持企业在不同情景下进行战略规划和战术执行。相比于以往的人为规划和传统的算法辅助，基于 LLM 的生成式 AI 不仅能够辅助人类做出复杂的商业决策，还能够自主进行推理和计划。在一些任务上，AI 在推理和规划能力方面表现出了与人类水平相当的潜力。这种能力正好符合人类对自治智能体的期望，这些智能体能够感知周围环境，做出决策，并做出响应[77,78]。更多人开始研究基于 LLM 的智能体，希望它们能理解和生成类似人类的指令，促进它们在更广泛情境中的复杂交互和决策[79,80]。与此同时，知识图谱通过提供语义推理支持，帮助企业在复杂的业务情境中进行资源优化配置和业务流程设计。这些智能技术的进步，将使得 AI 不再局限于执行具体操作，而是成为企业战略规划中的核心力量。

在执行环节，数智技术也不再只是被动地执行简单的指令，而是能够自动执行复杂任务。知识图谱通过提供关联性分析，确保各项行动在实际操作中的逻辑一致性和高效性。例如，在制造业中，基于知识图谱的系统能够自动识别设备状态、预测可能的故障并发出维修指令。而生成式 AI 则能够直接参与决策执行、进行自动化流程管理，如库存管理中 AI 自动生成并执行采购订单，或在药物发现和软件开发中完成部分关键步骤。通过数智技术的深入介入，企业能够显著缩短从计划到执行的周期，提高决策的准确性和操作的效率。

2. 数智驱动 SUPA 循环的系统级协同

数智驱动不仅在 SUPA 的每个环节中独立发挥作用，还通过其智能化特性使得各环节之间的协同效应显著提升。数智技术在感知、理解、规划、执行环节中的信息流动和反馈,构建了一个前后紧密相连、相互促进的系统(见图8-6)。

感知(sensing)
- 实时采集并整合多源数据,如市场动态、客户反馈、供应链状态;
- 知识图谱提升数据的语义关联,构建全面的市场和业务感知网络;
- 支持对异常和趋势的快速识别,增强感知的精准性和响应速度。

执行(action)
- 数据自决驱动任务自动化执行,实现无缝从决策到行动的衔接;
- 自主触发"事找人"分配机制,确保任务主动匹配到适合的人员或部门;
- 利用实时反馈和数据监控,确保行动环节的动态调整和优化。

数智驱动阶段的SUPA特征 系统级协同

理解(understanding)
- 利用知识图谱对数据进行深层次语义分析,识别潜在风险和模式;
- 生成式AI通过推理能力,提供多角度的市场和业务洞见;
- 支持对复杂数据关系的认知,构建业务逻辑和数据的关联体系。

规划(planning)
- 生成式AI提供复杂情景模拟和多方案生成,助力动态决策;
- 支持智能化的资源优化配置,制定精确、灵活的行动计划;
- 基于历史数据和市场预测,为决策提供全面的数据支持。

图 8-6　数智驱动阶段的 SUPA 特征

例如,在供应链管理中,数智技术不仅能够感知市场需求的变化,还能通过生成式 AI 预测未来需求,并根据这些预测自动调整供应链策略。天猫超市的补货系统正是这种系统级协同的典型应用。在感知到商品库存不足后,AI 系统会自动决策并执行补货操作,实现从感知到行动的无缝衔接。这种协同工作大幅度减少了人为干预,提高了响应速度,确保了企业能够灵活应对市场的变化。

另外,自动化智能(automation intelligence)也在多个领域实现了SUPA 各环节的协同,尤其是在生产制造、物流、供应链等领域。例如,制造业中的自动化机械臂通过自动化智能实现生产操作的高度协同;在物流仓储领域,具备异构机器人能力的仓库管理系统可以自动调度不同类型的机器人,实现货物的分拣、搬运和配送的无缝协同。研究人员还发现了将 LLM 作为嵌入式智能体的动作规划器的潜力,LLM 能够将复杂任务分解为可执行步骤,并协同具身智能体(embodied AI,有身体并支持物理交互的智能体)在动态环境中执行动作计划[81]。类似的协同也体现在供应链管理中，AI 不仅用于库存管理、采购调度，还通过预测需求与自动化执行，确保供应链各环节协同运作。

8.5　数智驱动阶段运营模式的本质转变

在数智驱动阶段，企业的运营逻辑发生了根本性转变——驱动企业运作的机制不再是依赖预设的业务流程和人工执行的静态模式，而是基于实时数据的自主决策和任务派发能力。从 Level 0"人的驱动"到 Level 3"数据驱动"，传统管理模式一直依赖固化的流程与功能模块推动任务的完成。即便在模型驱动阶段优化了决策，或在数据驱动阶段通过大数据分析和弱人工智能提升了智能化水平，企业的运作依然由固定的流程体系主导，灵活性受限。直到 Level 4"数智驱动"阶段，企业才真正实现了基于"数据自决"的智能运营模式。

"数据自决"模式的核心在于实时数据驱动任务的生成与动态派发。数据自决不仅仅是通过数据分析支持决策，还跳出了企业原有的预设流程，实现了自动化决策、任务生成与执行，并能够根据实时数据自动调整工作流和任务分配。例如，当新订单生成时，系统能根据订单数据自主分析所需资源，自动触发生产、采购、物流等任务的创建与派发，并完成资源调度及闭环执行。再比如，传统营销活动依赖人工设计、执行和调整固定的营销方案，而数据自决的系统能够基于客户数据实时生成个性化推荐，根据市场变化自动调整优惠券发放或广告投放策略，生成相应任务并推送给对应人员执行。

这种机制从根本上突破了固定流程的束缚，将传统的"预设流程推动静态任务执行"转变为"数据自决驱动任务生成与实时派发"。通过基于数据的实时决策和动态调整任务，企业获得了更强的适应性和更快的响应速度（见图 8‑7）。

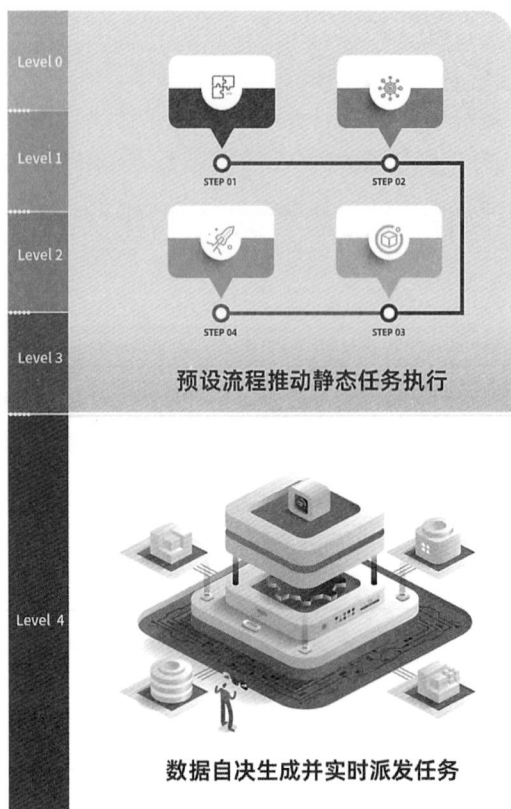

图 8-7 数据驱动阶段运营模式的本质转变

8.6 数智驱动的优点

数智驱动下数据与智能的深度融合产生了诸多优势，涵盖从自主决策到全局协同的各个方面。相较于之前的数据驱动阶段，数智驱动阶段不仅具备更强的智能处理能力，还实现了自动化、实时反馈与全局优化的全新运营模式，以下是数智驱动的主要优点。

1. 强数据、强智能

数智驱动阶段的一个显著优点在于实现了"强数据、强智能"的结合，与此前"强数据、弱智能"的局限形成鲜明对比。在数据驱动阶段，尽管企业拥有海量数据，但这些数据更多用于静态分析或辅助决策，真正的智能决策仍依赖于人类判断。而在数智驱动阶段，通过知识图谱和生成式 AI 的融合，数据能够实现自我整合与推理，不再局限于单一的数据信息，而是通过语义关联、结构化分析等方式，形成高度智能化的处理能力。比如，通过知识图谱，企业可以自动提取不同来源的数据，构建出语义丰富的业务关系图谱，进而在复杂场景中做出准确的智能决策。

2. 高度自动化与自主决策

在数智驱动阶段，企业不仅实现了高度自动化，还能够进行自主决策。相较于数据驱动阶段的半自动化操作，数智驱动阶段借助生成式 AI 和知识图谱技术，能够在 SUPA 的各个环节实现自主操作，尤其是在规划和执行环节，生成式 AI 和知识图谱共同作用，代替人工完成复杂的决策与执行任务。例如，在供应链管理中，企业可以通过生成式 AI 分析市场需求，实时调整库存，并通过知识图谱自动匹配供应商与采购需求，完成自动化采购流程，极大提高运营效率。

3. 全局协同优化

数智驱动不仅优化了局部流程，还实现了跨部门、跨业务的全局协同优化。AI 的深入渗透使企业能够打破信息孤岛，实现部门间的无缝协作。例如，知识图谱技术通过整合企业内部不同部门的数据，将研发、生产、物流和销售等环节的数据关联在一起，形成一个整体的协同运营系统。这样的系统级协同不仅能提高运营效率，还能通过实时的数据分析和反馈，快速响应市场变化，优化资源配置，实现全局最优的运营效果。

4. 灵活响应与创新能力

在复杂的商业环境中，数智驱动阶段的灵活响应能力和创新能力成为企业的一大竞争优势。生成式 AI 依靠快速生成能力能够根据当前的业务需求生成多种备选方案，为企业提供多维度的战略建议。例如，在应对突发情况或战略调整时，企业可以通过生成式 AI 迅速分析市场趋势、预测潜在风险并生成应对措施。同时，知识图谱通过全局数据的联动，为企业在各个场景中提供多样化的支持,进一步增强了企业的适应能力。此外,SUPA 模型中的"执行"环节得益于实时数据的支持和 AI 技术的自动化执行能力,能够实现快速反馈与动态优化,从而帮助企业始终保持高效、灵活的运营状态。

通过这些优点,数智驱动阶段为企业带来了更高的效率、灵活性和创新能力,帮助企业在日益复杂的商业环境中保持竞争优势。

8.7　数智驱动阶段案例

8.7.1　数据自决案例 1:智能客服与客户支持优化

1. 案例背景

某电商平台长期以来依赖传统的客户服务系统,主要通过智能问答机器人与人工客服的协同来处理客户问题。智能问答机器人通过规则库和 FAQ 库为客户提供自动化支持,但客户问题的复杂性和变化性经常超出预设流程,导致大量问题需要人工介入。虽然系统能够基于客户提问内容提供初步回复,但当问题超出系统处理范围时,客服代表的响应速度和处理效率往往成为瓶颈。特别是在高峰时段,客户支持的响应延迟会影响客户体验。

此问题的根本原因在于,所有的流程都预设了固定的应对路径,系统并未真正"理解"客户的需求背景,且未能根据实际情况灵活调整处理流程。这种基于规则的操作和线性的任务分配,未能做到根据业务变化和客户需求的多样性而响应的智能客服。

为了提升客户体验,某电商平台决定部署基于数据自决的智能客服与客户支持系统,通过智能分析和任务自主生成,打破传统的预设流程,进一步提升客户支持的智能化水平。

2. 解决方案及成效

在该数据自决系统的支持下,智能客服和客户支持工作实现了以下优化。

1）需求识别（sensing）

客户提问后，智能客服系统会自动识别问题的语义，结合实时客户行为数据和历史交互记录，判断客户的需求类型。例如，客户提出一个关于退款的问题，系统不仅根据问题内容判断是否需要人工客服介入，还会结合客户在过去的购买行为、投诉历史以及常见的退款问题情境来分析，判断该客户是否存在潜在的紧急需求或复杂情境。此时，系统能够根据实时数据预测客户的潜在情绪，识别出客户对速度的需求或对服务质量的高度要求。

2）需求理解（understanding）

一旦系统识别到客户需求，接下来是对需求的深入理解。例如，当客户提出退款请求时，系统不仅会识别退款这一基本需求，还能够结合客户的历史交互信息，进一步理解客户是否有其他相关问题，如支付问题、物流延迟等。在此过程中，系统会基于知识图谱分析客户的多维度需求背景，识别出不同类型的问题，并决定是否需要跨部门协作。例如，若客户的退款请求背后同时涉及支付问题，系统会自动识别并协调财务部门介入，确保问题得到更快速有效的解决。

3）任务规划（planning）

在对客户需求进行深入理解后，系统会自动生成应对任务，并根据优先级进行规划。例如，若系统发现某些客户问题频繁发生，它会自动调度人工客服进行优先处理；如果是系统无法处理的技术问题，系统则会创建技术支持工单并分配给相应团队。此外，系统还能够动态调整任务的处理路径。例如，当系统识别到某个问题涉及多个部门时，它会自动启动跨部门协作流程，将任务分派给不同的团队并进行优先级排序。

4）任务执行与反馈（action）

任务生成后，系统会立即将相关任务推送给对应的人工客服或支持团队，同时跟踪任务的进度并进行反馈。例如，系统会实时监控人工客服的处理情况，确保任务按时完成，并将客户的反馈与满意度信息返回系统,以进一步优化后续的任务分配和处理流程。通过这种实时反馈机制,系统能够动态调整任务执行策略,确保客户的问题能够迅速得到解决,提升客户满意度。

通过数据自决系统,该电商平台的智能客服系统的效率和客户体验得到了显著的提升。系统能够根据客户问题的具体需求,灵活调整响应策略,自动生成任务并分配至合适的执行者,避免了传统流程中的等待时间和人工干预。同时,系统的实时反馈机制确保了客户需求得以快速响应,大大提高了客户满意度。最重要的是,系统的智能化管理打破了传统的流程限制,即不再仅仅依赖于预设规则,而是依据实时数据和客户情境进行自我调整,从而实现了真正的智能化支持。

8.7.2 数据自决案例 2:日常供应链管理优化

1. 案例背景

某科技公司是一家全球领先的电子产品制造商,主营消费电子、智能家居设备和健康监测设备等。在销售和库存管理中,该公司面临着数据变化快、市场需求难以预测的挑战。在一定时期,消费者对健康监测设备,尤其是心率监测和血氧饱和度测量设备的需求激增。公司的传统库存管理系统未能及时响应这一新兴需求,导致部分地区出现库存短缺问题。为了提高响应速度,公司部署了一套基于知识图谱的销售预测和库存管理系统,实现了数据自决的决策支持。该系统能够自动捕捉实时销售数据,并根据历史数据、市场趋势和消费者行为分析,自动生成销售决策,优化库存调配,帮助企业保持市场竞争力。

2. 解决方案及成效

在日常运营中,该系统通过全面分析市场需求数据、库存状况、消费者行为等信息,自动完成以下关键步骤。

1) 需求趋势分析(sensing)

随着健康意识的提升,公司的健康监测设备在各大零售渠道的销量快速上升,尤其是具有心率监测和血氧饱和度测量功能的设备需求大幅增长。传统库存管理系统通常依赖历史销量数据来预测需求，但难以及时捕捉到新兴需求。为了解决这一问题，公司部署的智能系统通过实时数据采集功能，自动获取来自各地零售点的销售数据，并结合消费者购买频率、社交媒体情感分析和行业趋势报告，借助知识图谱技术进行关联分析。系统发现，某些特定区域的健康设备需求呈现明显的上升趋势，尤其是健康监测设备的需求增长更加突出。

2）需求和库存水平评估（understanding）

系统不仅实时跟踪销售数据，还会自动评估库存水平与需求之间的匹配度。通过结合历史数据、市场需求预测和供应链状况，系统能提前发现潜在的库存短缺问题。例如，某些热门产品在一些关键市场的库存将面临供不应求的风险。此时，知识图谱通过对物流、生产计划和库存的综合分析，为运营团队提供详细的洞见，指出需要补货的具体市场和区域，并提出建议补货的优先级和方案。

3）供应链补货方案生成（planning）

在识别库存短缺风险后，系统会自动生成补货方案。基于需求趋势和库存状况，系统建议优先将库存从供货充足的地区调配到需求旺盛的市场，并自动优化物流路径，确保产品能够迅速补充到关键市场。为了应对突发的供应链瓶颈，系统还能够自动提出应急补货方案，如临时租用当地仓库以加速补货过程，或者协调各地工厂提高生产能力，确保高需求设备的产量优先调配。

4）快速执行与反馈（action）

系统将库存调整方案自动推送至供应链团队，同时自动发出并执行补货任务，确保每周滚动补充健康设备。系统还建立了反馈机制，实时监控市场销量和库存水平，一旦销量持续上升，即刻触发后续的补货流程。通过持续的反馈和调整，系统能够确保库存始终处于动态优化状态，极大地提升了对市场变化的响应速度。

实施数据自决之后，该公司在日常供应链管理中的响应速度实现了显著的提升。系统的自动分析和实时反馈机制使得公司能够在短时间内响应市场变化,确保了库存的合理配置。在降低库存成本的同时,提升了市场满意度。

8.7.3 智能生成案例1: 供应链危机管理

1. 案例背景

某制造公司是一家全球领先的电动车制造企业,依赖全球供应链网络来获取高性能电池、半导体芯片等关键零部件。为了应对复杂的供应链管理需求,该公司部署了一套基于生成式AI和知识图谱技术的智能供应链管理系统,能够实时监控全球物流、供应商关系以及生产需求,帮助公司进行供应链优化和危机预警。

某天,该公司的AI系统监测到了一条重要消息:由于地缘政治冲突,亚洲某主要半导体供应商工厂停产。这家供应商负责生产该公司的电动车控制系统中的核心芯片,全球半导体供应本已紧张,这次中断可能导致该公司的生产停滞,并严重影响按时交货的能力。

传统供应链应对方式需要几天甚至几周才能评估风险并寻找解决方案。然而,该公司的AI供应链系统在监测到这一危机后,能够立即启动自动评估和决策过程。

2. 解决方案及成效

在这一供应链危机中,该公司的AI系统通过SUPA模型中的4个环节,高效地应对了突发的芯片供应中断危机。

1)感知(sensing)

AI系统通过全球供应链数据平台,实时监控供应商生产能力、物流状态以及市场动态。当芯片供应中断的消息传出,AI系统迅速捕捉到这条关键信息,并立即查询库存数据。系统发现,当前芯片库存只能支撑该公司工厂两周的生产。在传统方式下,这样的信息可能需要手动收集和分析,而AI系统通过自动数据采集与整合,缩短了感知时间,为企业赢得了宝贵的反应时间。

2)理解(understanding)

AI通过知识图谱技术分析了芯片供应链的断裂原因,并评估了其对生产的潜在影响。知识图谱将这一供应中断事件与供应商历史数据、全球市场行情以及未来订单需求关联起来，帮助 AI 快速理解危机的全貌。AI 还通过分析历史数据发现，供应中断不仅会影响当前订单交付，还可能会对未来几个月的订单产生连锁反应。系统通过推理得出，芯片中断的持续时间越长，对公司整体生产的影响越大，因此需迅速采取应对措施。

3）规划（planning）

在理解问题的基础上，AI 生成了以下 3 个应对策略。

（1）策略一：替代供应商方案。

AI 通过扫描全球半导体供应商，迅速找到了一家符合技术规格的欧洲供应商。虽然价格略高，但其交货周期最短，能够确保生产尽快恢复。AI 综合评估了该供应商的产能、质量标准及历史表现，推荐其作为替代供应商。

（2）策略二：设计变更与替代芯片方案。

AI 提出了一种创新的解决方案：使用库存中的另一款性能相似的芯片，并通过调整电动车控制系统的软件配置，使其兼容这款芯片。这一策略可以在短期内规避对原供应商的依赖，确保生产不受影响。

（3）策略三：库存与生产优化方案。

AI 进一步优化了现有库存的使用，重新调度生产计划，优先确保最紧急的订单完成。通过智能调整生产线，AI 将库存芯片的使用周期从两周延长至三周，为更换供应商争取了更多时间。

AI 自动分析了每个方案的风险、成本和执行时间，最终生成了一份详细的可行性报告供管理层决策。

4）执行（action）

该公司的供应链管理团队只需要审阅 AI 生成的决策建议，并对其进行确认。由于 AI 决策过程透明、数据充分，管理层迅速批准了以下应对措施。

（1）与欧洲的替代供应商签订临时采购协议，立即启动紧急芯片供应项目。

（2）对部分车型的控制系统软件进行调整,使其兼容另一种芯片,最大限度利用现有库存。

（3）调整生产计划,确保最紧急的订单优先完成。在这一过程中,AI系统自动调度物流、下达采购订单,并实时更新生产计划表,整个过程无缝衔接,极大地缩短了应对时间。

在这个供应链危机案例中,生成式AI展现了其强大的智能生成和推理能力。通过高效整合数据并生成创新的应对策略,该公司成功避免了生产停滞,维护了客户满意度,减少了市场损失。这一智能生成技术所带来的快速响应和精准决策,充分展示了AI在现代企业突发事件处理中不可替代的价值。整个过程中,AI系统展现了以下4个显著优势。

（1）速度与实时反应。AI通过SUPA模型的感知和理解环节,实时捕捉供应链中断信息,并迅速生成应对策略。与传统人工处理方式相比,AI大幅缩短了危机响应时间,使得企业能够在短时间内采取措施,避免了生产停滞。

（2）基于数据的决策。AI不仅依赖历史数据,还实时获取全球市场和物流网络中的最新动态,平衡了时间、成本、质量等多种因素,做出了基于数据的决策。传统供应链团队难以同时考虑多个变量,而AI能够综合考虑各类风险因素,生成最优决策方案。

（3）创新解决方案。除了寻找替代供应商,AI通过设计调整实现了库存芯片的兼容使用,这种技术创新帮助公司避免了对单一供应商的依赖。AI生成的方案不仅解决了眼前的危机,还为企业的供应链管理提供了更具战略性的思路。

（4）人工干预的优化。虽然AI完成了大部分的决策生成与执行,但最终的策略确认仍需由人类管理层进行审阅。这种人机协作的模式,既保证了AI的高效自动化处理,又保留了人类在重要商业决策中的最终把关环节。

8.7.4 智能生成案例 2：AI 驱动企业战略决策

1. 案例背景

数据自决案例 2 中的电子产品制造商某科技公司，面对不断变化的消费需求、技术更新和全球竞争，决定引入生成式 AI 技术来支持企业的长期战略决策，特别是在高风险和复杂性较高的战略性任务中的决策。

现在，公司计划在未来五年内进入多个新兴国际市场，并考虑是否投入研发一款高端增强现实（AR）设备。管理层希望通过生成式 AI 分析全球市场趋势、竞争格局和技术前景，生成一系列战略选择，从而做出精准的决策。

2. 解决方案及成效

公司部署了一套名为"智策 AI"的智能生成系统，它能够通过大数据分析、知识图谱和生成式 AI，生成多维度的战略决策建议。该系统集成了市场趋势、竞争对手动态、技术进展、客户反馈和企业运营数据，帮助管理层做出前瞻性和创新性的战略决策。

1）实时监控与市场感知（sensing）

"智策 AI"系统首先在感知环节中，自动整合来自全球的市场数据，包括经济趋势、消费者行为、社交媒体舆情和技术动向。

（1）AI 实时监控主要竞争对手的研发活动、市场发布及扩展计划，全面分析竞争格局。

（2）AI 根据全球市场趋势，特别是东南亚和非洲等新兴市场的趋势，分析出智能设备需求的快速增长。

（3）同时，AI 通过大数据分析识别出增强现实技术在智能家居和娱乐领域的市场需求将迅速增加。

通过自动化的数据收集和感知，AI 系统为公司提供了全面的市场分析，帮助公司捕捉到全球范围内的潜在市场机会。

2）理解市场动态与技术前景（understanding）

在理解环节，"智策 AI"系统通过知识图谱和大数据分析技术，深入分析全球市场、竞争对手的策略和技术前景。

（1）AI发现东南亚和非洲市场的智能设备需求增长率将持续以两位数上升，竞争对手的渗透率较低，为公司提供了一个良好的进入机会。

（2）针对增强现实（AR）设备，AI分析了当前技术的成熟度和潜在的市场爆发期，预测三年内AR技术将进入市场爆发期，尤其是在娱乐和智能家居领域将有大规模应用。

通过对市场和技术的深入理解，AI不仅识别了公司可能进入的新兴市场，还识别了AR技术的潜力和未来的市场机遇。

3）战略生成与规划（planning）

在规划环节，生成式AI自主生成了一系列战略决策建议，涵盖了不同的市场进入方案和资源分配策略。

（1）方案一：大规模进入新兴市场。

AI建议公司在东南亚和非洲市场进行大规模扩展，调整现有生产布局，建设新工厂，并与当地供应链合作伙伴建立紧密合作关系。此方案预计五年内公司在这些市场的收入将增长30%。

（2）方案二：投入AR设备研发。

AI建议公司立即启动高端AR设备的研发，以抢占市场先机。AI预测该技术在未来三年内将进入爆发期，增强现实技术不仅能提升公司现有产品线的竞争力，还能增加客户黏性和增长收入。

（3）方案三：平衡市场扩展与研发投入。

AI建议公司采取较为保守的平衡战略，在东南亚市场进行试点项目，同时分阶段启动AR设备研发，分散风险的同时保持增长潜力。此方案不仅降低了前期风险，还保留了未来大规模扩展的灵活性。

4）行动执行（action）

在执行环节，AI生成了详细的执行计划，并为每个方案提供了可行的实施步骤。

（1）AI为东南亚市场制定了初期市场进入计划，建议公司通过与本地供应链合作降低生产和物流成本。

（2）针对 AR 设备的研发，AI 规划了分阶段的产品开发路径和市场测试策略，确保公司在技术商业化前有足够的灵活调整空间。

（3）AI 还生成了财务规划，确保公司在实施过程中保持充足的现金流支持和财务稳定性。

考虑到平衡风险与收益、公司资源有限、需要灵活应对市场变化以及降低全球经济和政治不确定性等因素，该公司的管理层选择了平衡市场扩展与研发投入的战略：首先在东南亚市场设立试点销售点，并根据市场反馈逐步扩展至其他新兴市场；同时启动增强现实设备的研发项目，并计划在两年内推出首款产品，抢占技术市场先机。

通过 AI 的智能生成能力，该公司成功实现了战略性资源分配和市场扩展，确保了公司在未来几年内的稳健增长和技术领先。这一过程体现出数智驱动智能生成的优势。

（1）实时感知与动态反应。AI 能够通过自动化的数据收集和实时监控，迅速捕捉市场变化，为管理层提供准确的市场洞察和数据支持。

（2）多维度策略生成。生成式 AI 能够基于复杂的市场分析，生成创新且具有前瞻性的战略决策建议，不仅能识别潜在市场，还能制订详细的实施规划。

（3）智能优化与灵活性。AI 的自我学习和实时更新能力，使其能够随着外部环境的变化不断调整策略建议，确保公司始终保持灵活应对的能力。

（4）SUPA 模型的深度协同。AI 通过 SUPA 模型的高效运作，将感知、理解、规划和执行紧密结合，生成了全流程的智能决策方案，大幅提升了战略决策的效率与精确度。

9

数智驱动革新未来

数智驱动浪潮正以前所未有的磅礴之势，深刻重塑社会各个层面的格局与发展轨迹。从产品与服务创新，到企业运营管理、产业转型升级，再到经济发展和社会生活变革[82]，数智驱动在每个层面都激发了巨大的转型动能与价值创造潜能（见图 9-1）。

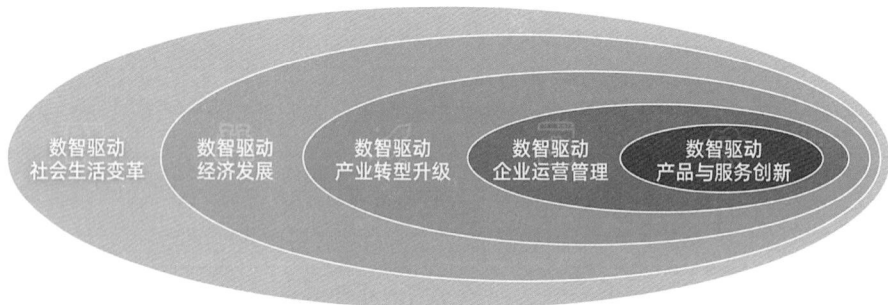

图 9-1　数智驱动革新未来的范围

在产品与服务创新层面，数智驱动加快了创新迭代的速度，精准捕捉并满足了消费者日益个性化的需求。同时，它还推动了服务模式的根本性变革，让用户体验跃升至全新高度。在企业运营管理方面，数智驱动成为企业优化流程、降本增效、精细化管理的核心动力。

数智驱动企业运营管理的终极目标是激活企业数智生产力。通过数智化应用，企业不仅能够灵活应对外部市场变化，还能创新并满足个性化需求,提升运营效率和决策智能化水平。这种生产力的激活不仅仅是技术层面的提升,还涵盖了数据、流程、人员和文化等多维度的协同优化,全面推动企业的持续创新与竞争力增强。

更进一步,数智驱动正引领着产业结构的深度调整,促进传统产业与新兴技术的深度融合,催生智能制造、智慧城市等新业态,为经济发展注入强劲动力。而在社会生活中,数智驱动则深入到每一个角落,从购物、医疗到教育娱乐,极大地提升了人们生活的便利性和幸福感。

然而,在这日新月异的时代,"黑天鹅"事件如金融危机,颠覆了全球商业模式;"灰犀牛"问题如气候变化、地缘政治等的影响不断累积,对企业的可持续发展构成巨大挑战。面对复杂多变的环境,企业唯有主动拥抱数智驱动的浪潮,方能在变革中立于不败之地。

本书的讨论重点主要聚焦于企业层面的数智驱动变革,从产品和服务创新到企业运营管理的全面重构。在企业数智化转型过程中,从 Level 3"数据驱动"到 Level 4"数智驱动"是一次深刻的跃迁。这种跨越远非简单的技术迭代,而是思维范式的根本性转变,其间的差异之大,犹如一道"鸿沟"。在数据驱动阶段,尽管通过数据分析提升了决策效率,但企业的运营仍然囿于传统的思维模式和既有的流程框架。相比之下,数智驱动阶段突破了传统的流程限制,企业能够通过数据自决,自动执行任务,智能生成则能根据实时数据自主生成创新性的解决方案。

跨越这道"鸿沟"的过程,正是企业在数智时代实现重生的蜕变之旅。这一旅程不仅需要技术的持续迭代与数字化转型的深入推进,更要求企业完成思维方式的根本性重塑。在"数智重生"的进程中,企业将突破对预设流程和静态决策模型的依赖,迈入一个全新的智能决策时代。在这个时代,以数据自决和智能生成为核心的数智驱动思维,将重构企业运营的底层逻辑,成为驱动企业运营管理和持续创新的核心动力。

9.1　数智驱动思维引领企业变革

让我们重新回顾数智驱动企业运营管理发展的 5 个阶段。我们可以从中归纳出两个转型模式:"升级"和"换代"。

"升级"是指在现有业务模式和技术框架的基础上,引入新工具、新技术或者对现有系统进行优化,从而提升企业的运营效率、降低成本,并在短期内增强市场竞争力。升级是一个渐进的过程,帮助企业在技术演进中不断完善其管理流程、生产方式和决策机制。从 Level 0 的人的驱动到 Level 3 的数据驱动,都是技术的逐步升级,即帮助企业逐步提升数智化水平。

举个例子,假设一位商贩骑自行车送货,为了提高运输效率,他在自行车上增加了车篮,这就是一种升级。自行车本身的功能没有发生根本变化,只是通过增加功能提升了业务能力。这种方式可以提升短期效率,降低成本,但并没有改变商贩的核心运营方式。

与升级不同,"换代"代表的是一种根本性的转变,通过深度应用数智技术,彻底重塑企业的核心运营模式。换代是对工具、组织结构、业务流程与战略定位的全面重构。它是一次深刻的转型,能够在短期内实现质的飞跃,帮助企业突破现有模式的局限,走向全新的发展方向。

仍然以上面提到的送货商贩的例子来说明。如果这位商贩决定放弃自行车,改用卡车进行配送,这便是一次换代:不仅运输工具发生了显著变化,连其物流方式、覆盖范围以及业务运营模式都产生了根本性调整。换代意味着商贩可以运送更多商品、服务更广的区域,甚至可能需要重新规划配送路线和业务规模。

类似地,可以通过钢铁侠和变形金刚来形象地说明。钢铁侠作为碳基生物,虽然可以通过不断升级装备来增强战斗力,但他的核心始终是"人和工具"的结合。即使硬件和软件不断增强,他依然处在原有的框架内。而变形金刚作为硅基生物,具备自我运行、自我学习和自我组合的能力,能够在不同环境中自我调整和变形,象征着数字化与物理世界的高度融合。换代就像是钢铁侠变成变形金刚,这不仅仅是装备的简单升级,更是从本质上改变了存在的形态。

要实现从 Level 3"数据驱动"到 Level 4"数智驱动"的跨越,企业面临的不再是简单的技术升级挑战。在数字化向数智化演进的过程中,单纯的技术迭代已无法满足企业向更高阶智能化发展的需求。这要求企业必须完成一次深刻的"换代"——通过全面引入数智驱动思维,实现"数智重生"。

数智驱动思维不仅优化现有数字化成果,提高生产力效率和灵活性,还能激发新需求并创造全新的生产力。这一过程中,优化现有数字化成果是创新现有生产力的基础,而通过创造新的生产力,企业则能够应对以前未曾解决或未曾意识到的挑战,为新的业务需求和市场机遇开辟空间。

1. 创新·生产力:已有数字化成果的优化与突破

对于企业已经实现的数字化需求(如已经引入流程驱动的管理信息系统,或是应用模型驱动的运筹优化方法,或是数据驱动阶段利用大数据和弱人工智能进行数据分析和决策),数智驱动思维能提供新的解决方案,帮助应对当前的新挑战。通过数智技术的支持,企业能够"创新·生产力",即优化现有的数字化成果,提升已有生产力的效率,进而推动现有运营模式的升级。

例如,鼎捷数智股份有限公司通过数智驱动优化了报价流程,大幅提升了报价效率。在传统模式下,从收到客户的询价单到与各部门(如采购、工程、生产等部门)进行对接与确认,再到最终提供报价,这一过程通常需要几天的时间。然而,在数智驱动的支持下,鼎捷数智股份有限公司通过集成 AI 和流程自动化系统,将这个流程大幅缩短至几分钟。这样一来,企业不仅可以更快地提供报价,还能显著提高抢订单的效率,从而在市场竞争中占据优势。这展示了数智驱动在面对劳动力短缺等挑战时的高效性和灵活应变能力。

另一个案例是生成式 AI 对模型驱动带来的提升,如已有企业通过大语言模型(LLM)提升了决策效率[83]。在传统的决策环节中,企业通常利用模型驱动方法通过数学规划算法来优化决策,但这个过程耗时较长,且对运筹效率提出了很高的要求。如今,企业可以借助生成式 AI 训练出的专业数学建模模型,通过学习大量数学语料实现更高效的优化。这些模型不仅具有复杂的建模技巧,还能显著降低求解的复杂度,大幅提升运筹优化的效率。因此,企业能够更快、更精准地做出运营决策,从而更有效地应对市场的快速变化和需求波动。以上两个案例都是"创新·生产力"的体现,通过数智技术的应用,优化现有生产力,提升效率。

2. 创·新生产力:激发新需求的创新与实现

数智驱动思维还能够激发企业应对过去未能解决或未曾意识到的数智化需求。过去,由于数字化水平的限制,许多创新的想法难以落地,而现在通过数智技术,企业能够将这些想法转化为实际可行的创新项目,创造出更大的商业价值。这一过程中,数智驱动不仅"创新·生产力",还能够实现"创·新生产力",即通过激发新的业务需求和创造全新的生产力,帮助企业进入全新的增长模式。

我们曾提到鼎捷数智股份有限公司通过生成式 AI 技术对产品改型设计流程进行智能化升级而显著提高了研发效率的实践,这就是一个典型的数智驱动思维激发企业新需求的案例。过去,由于技术能力的限制,产品设计需要大量人工绘制和验证,耗时长且容易出错,无法满足快速迭代的需求,限制了创新和响应速度。如今,生成式 AI 帮助工程师从 3D 模型快速生成 2D 图纸,自动识别零部件并标注尺寸和技术要求,大大减少了人工干预;通过学习设计师的思维,系统能直接生成产品改型建议和图纸,减少设计师对技术参数的理解需求;通过学习历史设计数据和设计师的思维模式,系统能自动生成符合客户需求的改型建议和图纸,并选择合适的设计参数和工艺流程;更进一步的是,系统还能生成符合需求的物料清单,并实现有效发布和任务分配。这种智能化设计模式预计能为企业节省 80%以上的工作时间,进一步提升了产品研发的效率。这正是"创·

新生产力"的体现,数智驱动不仅带来生产力的提升,更推动了企业在未曾考虑的领域创造出全新的解决方案。

因此,建立数智驱动思维对于企业变革至关重要。这种思维不仅帮助企业优化现有的需求,还能激发新的潜在需求并提供创新解决方案,使企业在快速变化的市场中保持竞争优势。通过数智技术的支持,企业能够不断挖掘和满足市场需求,保持其领先地位,并在日益激烈的竞争中立于不败之地(见图9‐2)。

已有数字化成果的优化与突破
为企业已经实现的数字化需求提供新的思路,提升现有数字系统以提高效率

数智驱动思维引领企业创新与变革

激发新需求的创新与实现
创造新解决方案以满足过去未能满足或未意识到的需求

鼎捷数智股份有限公司案例
优化企业报价流程,提升客户报价效率

- **传统模式耗时数天**
  收到客户的询价单—与各部门(如采购、工程、生产等)对接与确认—最终提供报价

- **数智驱动下几分钟完成报价**
  集成AI和流程自动化系统,更快的报价速度、更高的抢单效率

鼎捷数智股份有限公司案例
生成式AI创新产品改型设计流程

- **传统模式响应慢**
  大量人工绘制和验证,耗时长、易出错,无法满足快速迭代的需求,限制创新和响应速度

- **数智驱动自动生成**
  基于客户需求变更自动生成3D模型与2D图纸,快速识别并标注零部件技术参数

图 9‐2　数智驱动思维引领企业变革

9.2　数智驱动的企业变革

9.2.1　数智驱动的 DART 企业

要真正实现数智驱动思维带来的变革,并保持企业在未来竞争中的

领先地位,企业需要的不仅仅是技术的应用和创新思维的建立,更需要从组织层面进行全方位的转型,具备应对快速变化的市场环境的能力。这意味着企业不仅要灵活地适应外部环境的动态变化,还要通过不断提高内部的敏捷性、韧性和转型能力来实现数智驱动的全面推进。数智驱动思维引领下,企业将成为具有动态适应能力(dynamic)、敏捷执行力(agile)、应对挑战的韧性(resilient)和全面转型能力(transformed)四大核心能力的 DART(飞镖)企业,能够应对快速变化的市场环境(见图9-3)。

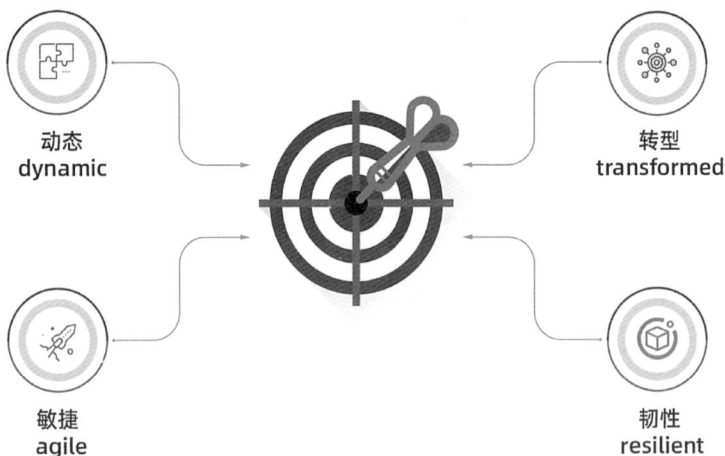

图 9‐3　DART 企业四大核心能力

1. 动态应对潜在新机会和新威胁(dynamic)

数智驱动通过实时数据分析和智能决策支持,赋予企业动态调整能力。当市场环境发生变化或"黑天鹅"事件突然出现时,企业必须能够迅速捕捉变化并做出反应。通过数智驱动,企业可以随时调整策略,主动应对不确定性。例如,亚马逊公司利用其全球供应链管理系统,通过数智化手段动态调整库存和物流策略,确保在全球范围内应对不同地区的需求波动。这不仅体现了数智驱动在技术上的动态响应能力,也展现了企业在快速变化的市场中,保持竞争力的关键所在。

2. 敏捷的执行力(agile)

在数智驱动下,企业必须具备敏捷的组织结构和灵活的管理方式。

客户需求的快速变化要求企业能够在极短的时间内调整其生产流程、服务模式和资源配置。通过数智工具，企业能够实时监测市场需求变化，调整生产线、供应链及销售策略。例如，海尔集团公司通过引入 AI 驱动的智能工厂系统，实现了快速定制化生产，能够即时调整产品设计和生产计划，从而快速满足客户个性化需求。数智驱动不仅优化了企业内部的协作机制，还提升了企业应对外部挑战的敏捷度，使得企业能够在市场竞争中保持高度灵活性。

3. 韧性(resilient)

企业组织韧性是指组织在冲击下的抵抗能力和复原能力[84]，吕文栋等将其定义为组织构建的、应对内外变化时主动反应、整合资源、保持并提升竞争优势的能力[85]。面对外部不确定性，企业必须具备足够的韧性，从而在困难情况下依然能够维持业务运作。数智驱动帮助企业建立智能预警系统，通过大数据监控和分析，提前发现潜在的风险，从而及时调整策略，避免损失。例如，特斯拉公司通过运用数智驱动的供应链管理系统，在全球芯片短缺的情况下，快速调整其生产流程，确保了供应链的持续运作。此外，企业的韧性不仅体现在应对市场波动的能力上，还体现在其对于供应链、人才短缺等问题的快速反应能力上。

4. 顺时顺势果断转型(transformed)

当新科技如机器人技术、人工智能、生成式 AI 等涌现时，企业必须迅速评估并采取行动，积极通过技术转型保持竞争力。数智驱动促使企业不断重塑其运营模式，从传统的产品导向转变为服务导向，甚至通过数据驱动来实现商业模式的创新。例如，微软有限公司通过云计算和 AI 实现了从传统软件销售到云服务提供商的全面转型，这一转型帮助其在全球技术变革中获得了先机。数智驱动下的转型不仅意味着对新技术的应用，还意味着企业从内到外的全面转型，以确保企业在未来的竞争中始终处于领先地位。

数智驱动下的 DART 企业不仅具备应对市场不确定性的能力，还能够通过持续的技术创新与业务模式转型，保持在市场中的领先优势。然而，要成为 DART 企业，企业需要在多个层面实现深刻的变革。数智驱动将从组织革新和创新模式两大方面，推动企业向 DART 企业的转型。这不仅意味着技术的应用和转型，更要求企业在组织结构、人机协同、产品与服务创新等领域全面重构，只有这样才能真正抓住数智驱动带来的机遇，迈向未来。

9.2.2 企业组织革新：构建人机协同的数智组织新架构

数智驱动不仅带来了技术层面的变革，还促使企业的组织架构发生了根本性的变化。在数智驱动的推动下，企业不再依赖传统的垂直管理模式，而是通过人机协同实现更高效、灵活的组织管理。我们参考了 Kattel 等学者提出的 AINB 分析框架[86]，从行动者（actors）、交互（interactions）、网络（networks）、行为（behaviours）的角度，重新构建了适用于企业组织变革的分析视角，以更好地理解数智驱动对企业组织结构的深远影响。

1. actors：数智领导力与人才重构

数智驱动下的企业领导者不仅需要具备敏锐的数智思维，还必须具备高超的数智领导力，能够在复杂的数智环境中做出快速、精准的决策。企业管理者的角色不再局限于传统的管理者，而是数智驱动企业运营管理的引导者和推动者。

同时，随着数智工具的普及，企业的人才需求也在发生深刻变化。传统的职能划分正在被打破，企业需要培养具备数智智商、熟练掌握数智工具的复合型人才。这类人才不仅能够在数据环境中高效工作，还具备较强的自我纠正和持续学习能力。例如，华为技术有限公司在其全球数字化转型过程中，大力推动了管理层的数字化培训，并通过内部竞赛激励员工掌握数智工具和运用其进行决策。

2. interactions：高效的人机协同与信息共享

在数智驱动下，人与机器的协同合作成为企业交互模式的核心。智能系统的应用不仅改变了人与机器的关系，还显著提升了企业内外部的协作效率。研究表明，企业使用 AI 系统能提升员工的生产力和企业整体业绩[87]。例如,在销售培训等领域,AI辅助系统能够有效解放员工,使其专注于更具创造力的任务,进而提升企业绩效[88]。在智能制造领域,生产方式从"机器替代人"转向"人机协同",强调机器能够自主配合人的工作并适应环境变化[89]。

西门子公司与微软有限公司合作推出的 Industrial Copilot,是一个典型的生成式 AI 辅助工具。该工具能够快速生成、优化和调试复杂的自动化代码,大幅缩短仿真时间,几分钟内完成原本需要数周的工作。通过该工具,工程师可以加快代码开发和技术创新,而一线工人也能通过自然语言获得详细的维修指导[90]。这种人机协同方式将显著提高整个工业全生命周期的生产力和效率。

此外,具备智能特征的数智信息系统能够加强组织内的沟通和协作。这类系统通过实时数据共享和智能化分析,帮助组织成员跨部门协作,优化决策流程。数智信息系统能有效打破组织内的信息孤岛,促进跨部门的知识共享与协作,提高企业整体的协作满意度和决策速度。有研究表明,企业数智协作系统的使用对个人 IT 支持的协作能力产生积极的影响,提高协作满意度[91]。

3. networks:协作创新网络与组织结构调整

数智驱动促使企业打破部门和职能的界限,构建更加灵活和开放的协作创新网络。在数智工具的支持下,企业能够实现跨部门的无缝协作,打破信息壁垒,使得各部门能够共享数据、知识和资源。这不仅提高了企业内部的工作效率,还促使企业上下游合作伙伴之间的信息和资源共享更加高效。

去中心化管理是数智驱动下企业管理模式的一个重要特征[92]。通过数智技术的赋能,企业逐渐采用去中心化的管理架构,将决策权下沉到一线。传统层级式管理模式中的信息传递缓慢和决策滞后问题得以解决,企业能够更灵活地应对外部市场的变化。

通过去中心化管理与算法管理相结合,企业能够借助智能系统和自动化流程,协调不同部门之间的合作。算法管理是指企业通过基于算法的新型企业资源计划管理、产品生命周期管理和多智能体协同管理来优化业务流程,是以智能计算为基础的新型企业管理模式[92]。这种管理方式通过智能算法和大数据分析,自动处理和优化企业的各类管理任务。例如,阿里巴巴集团控股有限公司的数字供应链平台(Alibaba DChain)就运用了算法管理来快速协调跨部门的资源调配,使各业务部门能够自主决策,从而提升响应速度和市场竞争力。

这种网络化的协作创新模式通过去中心化管理和算法管理的结合,使企业在变幻莫测的市场环境中具备高度的灵活性和较强的应变能力。

4. behaviours:自组织、智能化与自动化的行为转变

数智驱动下,企业的行为模式也将发生显著改变,智能化、自动化和平台化成为企业运营的核心驱动力。通过数智技术,企业能够识别并优化低效环节,实现业务流程的自动化与智能化,从而提升整体运营效率。例如,西门子公司在其智能制造中引入了自动化流程管理系统,通过 AI 算法实时优化生产线,提升了产能利用率并减少了资源浪费。西门子公司借助数智驱动,实现了从订单接收到产品交付的全流程自动化,提高了交付的速度和精度。

与此同时,企业的生产方式正在向智能驱动的自组织生产模式转变。这种模式依赖于分布式智能决策,通过大数据分析、物联网、区块链和数字孪生等技术,推动了生产流程的自动化和自组织优化。企业不仅能通过智能技术实现各个设备之间的数据一致性和交互,还能通过虚拟镜像、数字孪生技术进行产品的设计、测试和制造,从而确保生产的实时性和精准性。

以特斯拉公司为例,其智能驱动的生产模式结合了物理世界与数字世界,将机器、产品、信息系统和人全面连接,形成了超柔性、去中心化的自组织生产方式。这一生产方式使企业能够实时优化资源配置,实现高度定制化生产,适应市场动态需求。特斯拉公司通过智能技术,不仅提升了生产效率,还推动了企业行为向更智能、自主和柔性化的方向发展。这种模式展示了企业如何从批量生产向柔性定制的转变,实现了生产效率

与定制需求的平衡[92]。

可见,企业不仅通过数智技术重塑了生产行为模式,还实现了从传统层级化管理向去中心化、自主决策的转变。这种智能驱动的生产组织变革正推动企业更好地应对动态市场需求,实现更高效、精准的运营。

通过 actors、interactions、networks 和 behaviours 4 个方面的组织革新,数智驱动将企业从传统的管理模式中解放出来,使其能够更加敏捷、协同地运作。数智驱动不仅推动了人机协同模式的普及,还大幅提升了企业的信息共享与决策效率,使得企业能够在快速变化的市场环境中保持竞争力。

9.2.3　企业创新新动力:数智驱动的创新模式转型

在数智驱动的推动下,企业创新模式发生了深刻变革,这不仅表现在产品和服务的智能化升级,还体现在通过商业模式的创新,企业在数字经济中找到新的增长点和竞争优势。数智技术的广泛应用,使企业能够更快速、更灵活地响应市场需求,实现从传统模式到数智驱动模式的全面转型。

1. 数智驱动产品智能化升级

数智驱动企业产品的创新与智能化升级。产品的智能化升级不只是技术叠加,更是从功能、用户体验到整体产品定位的一次全面革新。产品智能化升级主要体现在 3 个方面:功能智能化、个性化定制以及用户体验的持续优化。

产品功能的智能化是指通过数智技术使产品具备感知、学习和自动反应的能力,使其能自主完成一些原本需要人为操作的任务。例如,在智能家居领域,智能空调利用物联网技术感知室内环境的温度、湿度等参数,并结合 AI 算法进行判断和调节,从而优化室内环境,提升舒适度。类似地,智能汽车中的自动驾驶功能通过传感器网络和深度学习技术,感知周围环境并实时做出驾驶决策,减少人为干预,提高了行车的安全性和便利性。这种功能智能化提升了产品的自主性和响应速度,使其能够更好地适应各种复杂的使用环境,满足用户不断变化的需求。

个性化定制是产品智能化升级中的关键特征之一。通过深度数据分析和用户建模,企业可以实时捕捉用户的行为模式,并对产品功能进行相应的调整和定制,以更好地满足个体用户的需求。例如,在家电行业,智能冰箱能够基于用户的购物行为和饮食习惯,推荐食谱并提示部分食材即将过期。这种个性化功能不仅提升了用户的体验,还帮助用户更有效地管理食材库存,减少浪费。智能穿戴设备也是个性化定制的代表,通过收集用户的生理数据(如心率、睡眠质量等),智能手环能够生成个性化的健康建议,帮助用户进行科学的健康管理。通过个性化定制,产品不仅在功能上更贴合用户需求,还能与用户建立情感联结,增强用户黏性。

产品的智能化升级不仅体现在功能和个性化上,还体现在用户体验的持续优化中。产品通过不断收集用户反馈和使用数据,结合 AI 技术进行自我学习和优化,从而提供更加贴合用户需求的服务和功能。例如,智能音箱通过学习用户的语音命令习惯和偏好,不断优化语音识别的准确性和响应速度,使交互体验更加自然和流畅。智能照明系统能够基于用户的作息习惯,自动调节灯光的亮度和色温,为用户提供更舒适的环境体验。这种持续优化不仅增强了产品的用户体验,也帮助企业在激烈的市场竞争中保持竞争力。通过数智技术的持续学习,产品能够不断更新迭代,以更好的状态服务用户,提升其市场认可度。

数智驱动通过赋予产品感知、学习和响应的能力,使其更加智能和个性化,这不仅极大地提升了产品的功能性和用户体验,还推动了企业从传统的产品导向向用户体验导向转型。这种升级不仅帮助企业在技术层面实现突破,也将为企业带来更加灵活和创新的商业模式,增强市场竞争力。

2. 数智驱动服务数智化转型

数智驱动服务数智化转型是指企业利用数智技术革新其服务模式,推动服务从被动、反应性转向主动、高效和个性化。这一过程不仅提升了企业的服务效率,还极大地改善了客户体验,使企业在激烈的市场竞争中持续保持竞争优势。数智驱动的服务转型表现在多个方面,这里仅以跨领域应用的服务创新、虚拟客户沟通与智能客服、精准推荐与个性化服务为例,做简单的说明。

1) 跨领域应用的服务创新

现有的数智技术具备跨行业的知识整合能力,能够适应不同行业中的多样化任务需求,帮助企业实现跨领域的服务创新,促进多行业间的融合。例如,物流企业能够结合医疗行业的数据,利用 AI 优化冷链运输,保证疫苗和药品在运输过程中的质量和安全。此外,智能城市项目中的跨行业融合也是一个典型的案例。在智能城市项目中,数智技术整合了交通、能源、安防等多个领域的数据,帮助城市管理者优化资源配置,提升服务效率。例如,某城市通过 AI 优化交通信号灯的调度,并与能源管理系统相结合,降低了高峰期的能耗,提高了居民的生活质量。

跨领域的服务创新不仅在多个行业之间实现了数据整合与智能分析,也推动了多领域间的协作。制造企业可以与能源管理公司合作,利用数智技术在生产过程中优化能源消耗,减少碳足迹,同时满足客户的绿色环保需求。通过整合不同领域的数据和知识,企业为客户提供了综合性解决方案,显著提升了客户体验。例如,企业可以通过整合家居、交通和医疗等多个领域的数据,为用户提供个性化的智能生活服务建议。

2) 虚拟客户沟通与智能客服

通过生成式 AI,企业能够创建智能化的虚拟助手或客服,实时与客户进行互动。虚拟助手通过自然语言处理技术理解客户的问题并做出相应回答,不仅能解决常见问题,还可以根据对话情境自动调整服务策略。生成式 AI 在客户沟通中的应用,不仅限于解答问题,还能通过对客户数据的分析生成个性化的产品推荐,甚至可以在特定情境中提供情感支持,从而提升用户体验并贴近客户的情绪需求。

虚拟客户沟通与智能客服的应用,不仅提高了服务响应速度,还通过智能分析和个性化服务提升了客户的满意度。这种人机协同的交互方式让企业能更好地理解客户需求,并在客户的服务体验中创造更多的价值。

3）精准推荐与个性化服务

精准推荐与个性化服务是数智驱动企业服务数智化的重要体现。通过知识图谱、机器学习等技术，企业可以深度分析客户行为、偏好及购买记录，从而为客户提供更符合需求的产品和服务推荐。

以生成式 AI 为核心的技术，还将赋能企业实现个性化定制，精准推送符合用户需求的产品和服务。Netflix 的联席首席执行官泰德·萨兰多斯（Ted Sarandos）表示，人工智能不仅将成为创作者的重要工具，帮助他们"更好地讲述故事"，生成式 AI 还将在影视娱乐领域的推荐系统中展现出前所未有的潜力[93]。

3. 数智驱动商业模式创新

在产品和服务创新的基础上，数智驱动进一步推动了企业商业模式的创新。通过洞察技术趋势、前瞻性规划以及数据驱动的智能化决策，企业能够快速适应市场变化，形成更具竞争力的商业模式。商业模式创新是企业在数智驱动时代寻求持续竞争优势的重要路径，以下从技术预测、生成式 AI 的收入与成本结构影响以及平台化战略 3 个方面，探讨数智驱动是如何重塑企业的商业模式的。

1）技术趋势洞察：引领未来，前瞻性规划

数智驱动下，企业通过对技术趋势的洞察和前瞻性规划，不断优化和调整其商业模式，以适应快速变化的市场环境。技术预测和机会识别是商业模式创新的核心支撑，帮助企业掌握未来的技术动向并做出战略决策。例如，企业利用数据挖掘和专利分析技术构建专利地图和专利网络，从而识别潜在的颠覆性技术[94]。这种技术预测能力使企业能够把握市场先机，规划新产品开发方向或创新服务提供方式，帮助企业在快速变化的环境中做出前瞻性决策。

碳中和中小企业的转型是数智驱动商业模式创新的一个典型案例。根据 Shaik 等的研究，这些中小企业通过人工智能工具识别新的市场机会，优化资源配置，提高能源效率，并减少碳排放，最终实现了绿色创新与可持续发展。人工智能在这一过程中发挥了双重角色：既作为具体的工具,帮助企业实现资源的高效管理与优化;又作为战略推动力,支持企业重新定义商业模式,将绿色技术创新融入商业战略中,推动整体的可持续发展[95]。这种双重角色表明 AI 不仅是技术工具,更是企业战略创新的核心驱动力,可以帮助企业在快速变化的市场环境中保持竞争优势。

2)更多商业潜力:收入模式与成本优化

数智技术的应用为企业的收入模型和成本结构带来了新的可能性。通过生成式 AI,企业能够降低内容创作和产品设计的成本,同时开发出全新的盈利模式。

例如,Canva 利用生成式 AI 为用户提供图形设计服务,通过生成大量设计模板和内容,大幅降低了设计成本,并通过免费增值模式吸引用户,然后通过高级功能和定制化服务进行收费,形成了灵活的收入来源。ChatGPT 的收入模式展现了生成式 AI 的商业潜力。ChatGPT 为个人用户提供了免费服务和 Plus 订阅服务,订阅 Plus 服务的用户可以享受更快的响应速度和优先访问高级功能。此外,ChatGPT API 按使用量收费,开发者和企业通过调用的输入和输出令牌数量付费,以灵活整合生成式 AI 功能。这种按需定价模式帮助企业优化服务和产品开发,并为 OpenAI 带来了持续的收入来源。这些收入模式展示了生成式 AI 是如何通过降低边际成本,提升服务的可达性和灵活性,从而增强市场竞争力的。

3)推动平台化转型:生态系统与价值共创

数智驱动还使企业在商业模式上更倾向于采用平台化战略,通过构建开放的生态系统,企业可以实现资源共享和价值共创。平台化战略帮助企业从单纯的产品和服务提供者转变为一个连接多方利益相关者的综合平台,从而形成更大范围的价值网络。

例如,Uber 和 Airbnb 通过构建连接供需双方的数字平台,实现了资源的最大化利用。通过数智技术,这些企业不仅提供了灵活便捷的服务,还实现了多方参与者之间的协同效应,从而创造了更大的社会和经济价值。平台化战略的核心在于利用数据和智能技术优化资源配置,提升服务效率,同时吸引用户和合作伙伴共同参与生态系统的建设,推动多方共赢。

10

结语：数据自决、智能生成

　　本书深入探讨了数智驱动的核心概念、企业数智化运营管理的五大发展阶段。通过对数智驱动特质的深入剖析，我们明确提出了企业在数智时代的发展方向，即如何通过"数据自决"和"智能生成"迈向 Level 4 的数智驱动阶段，实现更高效、更精准的任务执行和决策生成。

　　数智驱动的概念，特别是"数智"这一术语，已经被广泛认知，并且无论是学术界还是企业界，都高度重视其重要性。然而，Level 4 阶段的数智驱动，不仅仅是技术上的突破，它代表的更是思维方式的深刻转变。在这一阶段，企业不仅要依赖数智工具和技术来提升效率，更要在战略、文化和业务模式的层面进行根本性的创新。数智驱动的真正意义，在于从"数字化"到"数智化"的跨越，这不仅是技术的应用，更是管理思维和组织能力的全面跃升。

　　Level 0 至 Level 3 的传统数智驱动阶段，聚焦于数据的采集、分析以及决策的部分自动化，企业仍然在很大程度上依赖预设的规则和流程。这些阶段的"驱动"更多是技术层面的逐步推进，目标是提高效率和减少人工干预。而进入 Level 4，数智驱动的"驱动"开始发生本质的变化，企业的运营和管理不再仅仅是自动化与优化，更是通过高度集成的智能技术，实现从信息采集到决策生成全过程的自我驱动和智能化。在这一层面，"数智"的作用不再局限于提高效率，而是推动创新和战略转型，促使企业向智能化和创新化转型。

这种由"数据自决"和"智能生成"所推动的数智化转型，正如钢铁侠与变形金刚的差异。钢铁侠代表着高效的机械化的逐步改进，而变形金刚则象征着智能化的飞跃。

"数据自决"和"智能生成"作为数智驱动的核心要素，不仅激活了企业传统的生产力，更推动了企业在"创新·生产力"和"创·新生产力"两个层面的提升。在传统模式下，生产力的提升主要依赖流程优化和资源配置的改进；而数智驱动创造出了全新的生产力。通过"数据自决"，企业能够快速响应市场需求，自动收集、分析、决策并推动任务执行；通过"智能生成"，企业能够在复杂环境中实现高度智能化、创新化的决策和解决方案，甚至是创造出全新的商业模式和服务形式。

数智驱动的最终目标，是帮助企业成为具有四大核心能力——动态适应能力（dynamic）、敏捷执行力（agile）、应对挑战的韧性（resilient）和全面转型能力（transformed）的 DART 企业。这种企业能够更好地应对市场的不确定性，迅速抓住技术和市场变革带来的机会，持续推动业务模式的创新，从而在全球竞争中占据优势地位。

展望未来，数智驱动不仅会进一步加深企业与技术的融合，还将激发更广泛的产业与社会变革。随着数据自决和智能生成的应用，数智驱动将推动企业和行业从传统生产力提升，进入跨越式创新生产力阶段。我们希望本书的讨论，能够为企业管理者、学者等提供有益的启示，帮助他们在数智化的浪潮中不断探索创新、推动转型，并迎接更智能、更高效的未来。

参考文献

［1］刘震.数智化革命：价值驱动的产业数字化转型［M］.北京：机械工业出版社,2022.

［2］尤尔根·梅菲特,沙莎.从1到N：企业数字化生存指南［M］.上海：上海交通大学出版社,2018.

［3］新华社.中共中央 国务院印发《数字中国建设整体布局规划》［EB/OL］.（2023－02－27）［2024－10－05］.https://www.gov.cn/zhengce/2023-02/27/content_5743484.htm.

［4］Perez C.技术革命与金融资本：泡沫与黄金时代的动力学［M］.田方萌,译.北京：中国人民大学出版社,2007.

［5］华为IP知识百科.算力网络［EB/OL］.（2024－05－13）［2024－10－06］.https://info.support.huawei.com/info-finder/encyclopedia/zh/算力网络.html.

［6］国家数据局.关于深入实施"东数西算"工程加快构建全国一体化算力网的实施意见（发改数据〔2023〕1779号）［EB/OL］.（2023－12－29）［2024－10－06］.https://www.ndrc.gov.cn/xxgk/zcfb/tz/202312/t20231229_1363000.html.

［7］张良友,王鹏.数智化转型：企业升级之路［M］.北京：人民邮电出版社,2023.

［8］程慧,张艺溶.数智供应链：打造产业数字化新引擎［M］.北京：人民

邮电出版社,2023.

［9］Tracy Swartzendruber. Everything you need to know about digital twins［EB/OL］.［2024－10－07］. https：//www. ge. com/digital/blog/what-digital-twin.

［10］Wu M，Kozanoglu D C，Min C，et al. Unraveling the capabilities that enable digital transformation：a data-driven methodology and the case of artificial intelligence ［J］. Advanced Engineering Informatics，2021，50：101368.

［11］国家发展改革委,中央网信办. 关于推进"上云用数赋智"行动 培育新经济发展实施方案的通知［EB/OL］.（2020－04－07）［2024－10－07］. https：//www. gov. cn/zhengce/zhengceku/2020-04/10/content_5501163. htm.

［12］国家发展改革委规划司."十四五"规划《纲要》名词解释之87|"上云用数赋智"行动［EB/OL］.（2021－12－24）［2024－10－07］. https：//www. ndrc. gov. cn/fggz/fzzlgh/gjfzgh/202112/t20211224_1309342. html.

［13］张建锋,肖利华,许诗军. 数智化：数字政府、数字经济与数字社会大融合［M］.北京：电子工业出版社,2022.

［14］肖利华,田野,洪东盈,等. 数智驱动新增长［M］.北京：电子工业出版社,2021.

［15］腾讯大讲堂.产业互联网：构建智能＋时代数字生态新图景［EB/OL］.（2019－05－16）［2024－10－08］. https：//cloud. tencent. com/developer/article/1427892.

［16］用友 BIP. 王文京：企业数智化1－2－3,加速企业数智化进程［EB/OL］.（2023－11－27）［2024－11－28］. https：//xie. infoq. cn/article/c441080470e51ddc0075e0d1a.

［17］Microsoft News Center. Satya Nadella email to employees：embracing our future：intelligent cloud and intelligent edge ［EB/

OL]. (2018 - 03 - 29)[2024 - 10 - 08]. https://news. microsoft. com/2018/03/29/satya-nadella-email-to-employees-embracing-our-future-intelligent-cloud-and-intelligent-edge/.

[18] Kumar R. Introducing the microsoft intelligent data platform [EB/OL]. (2022 - 05 - 24)[2024 - 11 - 28]. https://azure. microsoft. com/en-us/blog/introducing-the-microsoft-intelligent-data-platform/.

[19] Bourgeois B. Microsoft intelligent data platform-what，why，how & who[EB/OL]. (2023 - 02 - 17)[2024 - 11 - 28]. https://profisee. com/microsoft-intelligent-data-platform-what-why-how-who/.

[20] Google. Google data and AI trends 2024 [R]. [2024 - 10 - 08]. https://data-ai-trends. withgoogle. com/.

[21] Gibson K. SAP unveils its vision for the intelligent enterprise [EB/OL]. (2021 - 06 - 03)[2024 - 10 - 08]. https://news. sap. com/africa/2021/06/sap-unveils-its-vision-for-the-intelligent-enterprise/.

[22] Shah A. Grow with the latest SAP S/4HANA Cloud Public Edition 2402 update [EB/OL]. (2024 - 01 - 25)[2024 - 10 - 08]. https://news. sap. com/2024/01/sap-s4hana-cloud-public-edition-2402-update/.

[23] SAP News. SAP shapes the future of data-driven business transformation with innovations that equip customers to succeed in the era of AI [EB/OL]. (2024 - 03 - 06)[2024 - 10 - 08]. https://news. sap. com/2024/03/future-of-data-driven-business-new-sap-datasphere-capabilities/.

[24] Boughzala I. Digital intelligence：a key competence for the future of work [R]. Paris：Telecom Business School，2019.

[25] Sadiku M N O, Musa S M. A primer on multiple intelligences [M]. Cham：Springer，2021.

[26] 王秉.何为数智：数智概念的多重含义研究[J].情报杂志,2023,42(7)：71 - 76.

[27] Boughzala I，Garmaki M，Tantan O C. Understanding how digital intelligence contributes to digital creativity and digital transformation：a systematic literature review［C］//Proceedings of the 53rd Hawaii International Conference on System Sciences（HICSS 2020），Maui，HI，USA，2020：1-10.

[28] 程慧,张艺溶.数智供应链：打造产业数字化新引擎[M].北京：人民邮电出版社,2023.

[29] 陈国青,曾大军,卫强,等.大数据环境下的决策范式转变与使能创新[J].管理世界,2020,36(2)：95-105.

[30] 陈国青,任明,卫强,等.数智赋能：信息系统研究的新跃迁[J].管理世界,2022,38(1)：180-196.

[31] 陈国青,吴刚,顾远东,等.管理决策情境下大数据驱动的研究和应用挑战：范式转变与研究方向[J].管理科学学报,2018,21(7)：1-10.

[32] Bonér J，Farley D，Kuhn R，et al. 反应式宣言[EB/OL]. （2014-09-16）[2024-09-12]. https：//www. reactivemanifesto. org/zh-CN.

[33] Ramos M. How generative AI will revolutionize supply chain［EB/OL].（2024-05-01）[2024-09-30]. https：//www. ibm. com/think/topics/generative-ai-supply-chain-future.

[34] Boyd J. A discourse on winning and losing［M］. Maxwell，Alabama：Air University Press，2018.

[35] 白成超,张琦,谢旭东,等.面向复杂决策的OODA环：智能赋能与认知增强[J].指挥与控制学报,2024,10(3)：284-297.

[36] 李杰,邱伯华,刘宗长,等.CPS：新一代工业智能[M].上海：上海交通大学出版社,2017.

[37] Hammer M,Champy J.企业再造：企业革命的宣言书[M].王珊珊,等译.上海：上海译文出版社,2007.

[38] 数据学堂.一文搞懂ERP与CRM、MRP、PLM、APS、MES、WMS、SRM的关系[EB/OL].（2023-04-05）[2024-12-17]. https：//

mp. weixin. qq. com/s/htWvIiwV3OC9pHM_sWdhPw.

[39] Asprova. 松下电器案例[EB/OL]. [2024 - 10 - 24]. https：//asprova. cn/cases/16？id＝2.

[40] 游理界. 图说供应链之网络规划（九）：百事可乐案例[EB/OL]. (2018 - 04 - 18)[2024 - 10 - 24]. https://www. sohu. com/a/228666011_100134443.

[41] 陈雪东. 运筹学算法优化在航空公司的应用研究[EB/OL]. (2019 - 05 - 20)[2024 - 10 - 24]. https：//news. carnoc. com/list/494/494117. html.

[42] 彬复研究. 运筹优化从象牙塔走向商用,极大助力航空业数智化发展[EB/OL]. (2024 - 10 - 24)[2024 - 10 - 24]. http：//www. beforcapital. com/newsinfo/1675917. html.

[43] Phillips R. Teaching pricing and revenue optimization [J]. INFORMS Transactions on Education，2003，4(1)：1 - 10.

[44]《运筹学》教材编写组. 运筹学[M]. 北京：清华大学出版社,2012.

[45] Yu G，Argüello M，Song G，et al. A new era for crew recovery at continental airlines [J]. Interfaces，2003，33(1)：5 - 22.

[46] McKinsey Global Institute. Big data：the next frontier for innovation，competition，and productivity [EB/OL]. (2011 - 05 - 01)[2024 - 09 - 12]. https：//www. mckinsey. com/capabilities/mckinsey-digital/our-insights/big-data-the-next-frontier-for-innovation.

[47] Demchenko Y，Ngo C，de Laat C，et al. Secure data management：10th VLDB workshop，SDM 2013，Proceedings 10，Trento，Italy，2013 [C]. Cham：Springer International Publishing，2014：76 - 94.

[48] 艾瑞咨询. 2022 年中国数智融合发展洞察[EB/OL]. (2022 - 07 - 14)[2024 - 09 - 26]. https：//m. thepaper. cn/baijiahao_19008519.

[49] Tim Mucci，Cole Stryker. What is big data analytics？[EB/OL]. (2024 - 04 - 05)[2024 - 09 - 12]. https：//www. ibm. com/topics/

big-data-analytics.

[50] 张志清,李云梅,张瑞军.数据驱动技术创新:能力构成模型与关键流程[J].科技进步与对策,2015,32(16):7-10.

[51] 郭晓科.大数据[M].北京:清华大学出版社,2013.

[52] 丹尼尔·卡尼曼.思考,快与慢[M].胡晓姣,李爱民,何梦莹,译.北京:中信出版社,2012.

[53] Wiles J. What is new in artificial intelligence from the 2022 Gartner hype cycle [EB/OL]. (2022-09-15)[2024-10-22]. https://www. gartner. com. au/en/articles/what-is-new-in-artificial-intelligence-from-the-2022-gartner-hype-cycle.

[54] 徐增林,盛泳潘,贺丽荣,等.知识图谱技术综述[J].电子科技大学学报,2016,45(04):589-606.

[55] 刘峤,李杨,段宏,等.知识图谱构建技术综述[J].计算机研究与发展,2016,53(03):582-600.

[56] 黄恒琪,于娟,廖晓,等.知识图谱研究综述[J].计算机系统应用,2019,28(06):1-12.

[57] Yu C, Liu X, Maia J, et al. Companion of the 2024 international conference on management of data [C] //Proceedings of the 2024 ACM SIGMOD PODS Conference. Jodhpur, India, 2024. Seattle: Amazon Publishing, 2024:148-160.

[58] Noy N, Gao Y, Jain A, et al. Industry-scale knowledge graphs: lessons and challenges: five diverse technology companies show how it's done [J]. Queue, 2019, 17(2):48-75.

[59] 环球网.汇丰银行宗斌:人工智能赋能银行全面数字化转型[EB/OL]. (2024-02-01)[2024-10-23]. https://3w. huanqiu. com/a/c36dc8/4GPW46jpDrr.

[60] AI前线.知识图谱技术在信贷领域的应用[EB/OL]. (2024-06-07)[2024-10-23]. https://www. 53ai. com/news/AIjinrong/

2024060715709. html.

[61] 袁俊,刘国柱,梁宏涛,等. 知识图谱在商业银行风控领域的研究与应用综述[J]. 计算机工程与应用,2022,58(19)：37－52.

[62] Aldughayfiq B, Ashfaq F, Jhanjhi N Z, et al. Capturing semantic relationships in electronic health records using knowledge graphs：an implementation using mimic iii dataset and graphdb [J]. Healthcare (Basel，Switzerland). 2023，11(12)：25.

[63] Huang Z，Yang J，van Harmelen F，et al. Health information science：6th international conference，HIS 2017，Proceedings 6，Moscow，Russia，October 7－9，2017 [C]. Cham：Springer International Publishing，2017：149－161.

[64] Shirai S，Seneviratne O，McGuinness D L. Applying personal knowledge graphs to health [EB/OL]. https://doi. org/10. 48550/ arXiv. 2104. 07587.

[65] 张栋豪,刘振宇,郏维强,等. 知识图谱在智能制造领域的研究现状及其应用前景综述[J]. 机械工程学报,2021,57(05)：90－113.

[66] 亚马逊. 西门子能源使用 metaphactory 知识图谱加速应用程序开发 [EB/OL]. (2020)[2024－10－23]. https://aws. amazon. com/cn/ solutions/case-studies/Siemens-Energy-metaphacts-AWSMarketpla ce-case-study/.

[67] 至顶头条. 西门子成都灯塔工厂：云边一体的知识图谱让知识固化与传承[EB/OL]. (2022－10－13)[2024－10－23]. https://www. sohu. com/a/592417099_114765.

[68] McKinsey & Company. The state of AI in 2023：generative AI's breakout year [EB/OL]. (2023－08－01)[2024－10－22]. https:// www. mckinsey. com/capabilities/quantumblack/our-insights/the- state-of-ai-in-2023-generative-ais-breakout-year.

[69] Gartner. Gartner says more than 80% of enterprises will have used

generative AI APIs or deployed generative AI-enabled applications by 2026［EB/OL］. (2023 - 10 - 11)［2024 - 10 - 22］. https：//www. gartner. com/en/newsroom/press-releases/2023-10-11-gartner-says-more-than-80-percent-of-enterprises-will-have-used-generative-ai-apis-or-deployed-generative-ai-enabled-applications-by-2026.

［70］丁磊. 生成式人工智能 AIGC 的逻辑与应用［M］. 北京：中信出版社，2023.

［71］智东西. Meta 发布 AI 广告工具全家桶，图像文本一键生成解放打工人［EB/OL］. (2024 - 05 - 10)［2024 - 10 - 22］. https：//www. 36kr. com/p/2769589037745927.

［72］Ren F，Aliper A，Chen J，et al. A small-molecule TNIK inhibitor targets fibrosis in preclinical and clinical models［J］. Nature Biotechnology，2024：1 - 13.

［73］埃森哲. 生成式人工智能重塑汽车行业［EB/OL］.［2024 - 10 - 22］. https：//www. accenture. cn/cn-zh/case-studies/automotive/bmw-puts-generative-ai-in-the-drivers-seat.

［74］Metz R. OpenAI Scale ranks progress toward 'human-level' problem solving［EB/OL］. (2024 - 07 - 12)［2024 - 10 - 18］. https：//news. bloomberglaw. com/artificial-intelligence/openai-develops-system-to-track-progress-toward-human-level-ai.

［75］Morris M R，Sohl-Dickstein J，Fiedel N，et al. Levels of AGI：operationalizing progress on the path to AGI［EB/OL］. https：//arxiv. org/abs/2311. 02462，2023.

［76］Gartner. Gartner 发布 2024 年新兴技术成熟度曲线［EB/OL］. (2024 - 08 - 30)［2024 - 10 - 22］. https：//www. gartner. com/cn/newsroom/press-releases/2024-emerging-tech-hc.

［77］Xi Z，Chen W，Guo X，et al. The rise and potential of large language model based agents：a survey［EB/OL］. https：//arXiv.

org/abs/2309. 07864.

[78] Liang Z，Yu W，Rajpurohit T，et al. Let GPT be a math tutor：teaching math word problem solvers with customized exercise generation［EB/OL］. https：//arxiv. org/abs/2305. 14386.

[79] Yao S，Yu D，Zhao J，et al. Tree of thoughts：deliberate problem solving with large language models［EB/OL］. https：//arxiv. org/abs/2305. 10601.

[80] Li M，Zhao Y，Yu B，et al. Api-bank：a comprehensive benchmark for tool-augmented LLMs［EB/OL］. https：//arxiv. org/abs/2304. 08244.

[81] Dasgupta I，Kaeser-Chen C，Marino K，et al. Collaborating with language models for embodied reasoning［EB/OL］. https：//arxiv. org/abs/2302. 00763.

[82] 张良友,王鹏. 数智化转型：企业升级之路［M］.北京：人民邮电出版社,2023.

[83] Tang Z，Huang C，Zheng X，et al. ORLM：training large language models for optimization modeling［EB/OL］. https：//arxiv. org/abs/2405. 17743.

[84] Buyl T，Boone C，Wade J B. CEO narcissism，risk-taking，and resilience：an empirical analysis in US commercial banks［J］. Journal of Management，2019，45(4)：1372 - 1400.

[85] 吕文栋,赵杨,韦远. 论弹性风险管理：应对不确定情境的组织管理技术［J］.管理世界,2019,35(9)：116 - 132.

[86] Kattel R，Lember V，Tõnurist P. Collaborative innovation and human-machine networks［J］. Public Management Review，2020，22(11)：1652 - 1673.

[87] 张志学,华中生,谢小云. 数智时代人机协同的研究现状与未来方向［J］.管理工程学报,2024,38(01)：1 - 13.

［88］Luo X，Qin M S，Fang Z，et al. Artificial intelligence coaches for sales agents：caveats and solutions［J］. Journal of Marketing，2021，85(2)：14-32.

［89］李晓华，吴朋阳.人工智能＋制造的本质是"人机协同"［N］.经济日报，2018-09-28(15).

［90］西门子.西门子与微软合作推动跨行业人工智能应用［EB/OL］.(2023-11-20)［2024-10-12］.https：//w1. siemens. com. cn/press/NewsDetail. aspx? ColumnId＝2&ArticleId＝17740.

［91］Bala H，Massey A P，Montoya M M. The effects of process orientations on collaboration technology use and outcomes in product development［J］. Journal of Management Information Systems，2017，34(2)：520-559.

［92］李春利，高良谋.第四次工业革命背景下技术—组织—管理范式研究［J］.当代经济管理，2023，45(11)：23-31.

［93］Poletti T. Netflix sees future improvements with AI in both its service and future content［EB/OL］.(2024-07-19)［2024-10-12］. https：//www. marketwatch. com/livecoverage/netflix-earnings-results-subscribers-q2-streaming-revenue-profit/card/netflix-sees-future-improvements-with-ai-in-both-its-service-and-future-content-YxuQ2XTdBYfd94zSui4r.

［94］Mariani M M，Machado I，Magrelli V，et al. Artificial intelligence in innovation research：a systematic review，conceptual framework，and future research directions［J］. Technovation，2023，122：102623.

［95］Shaik A S，Alshibani S M，Jain G，et al. Artificial intelligence (AI)—driven strategic business model innovations in small—and medium—sized enterprises. Insights on technological and strategic enablers for carbon neutral businesses［J］. Business Strategy and the Environment，2024，33(4)：2731-2751.